Stadtbaugeschichte Stuttgart

Antero Markelin
Rainer Müller

Stadtbaugeschichte Stuttgart

Karl Krämer Verlag Stuttgart + Zürich

CIP-Titelaufnahme der Deutschen Bibliothek
Stadtbaugeschichte Stuttgart / Antero Markelin; Raine· Müller. –
2., völlig überarb. u. erw. Ausg. – Stuttgart; Zürich: Krämer, 1991
ISBN 3-7828-1315-4
NE: Markelin, Antero [Mitverf.]

Herausgeber: Städtebauliches Institut der Universität Stuttgart

Lektorat: Gudrun Zimmerle
Druck: Heinrich Fink Offsetdruck, Stuttgart
Printed in Germany
ISBN 3-7828-1315-4

Inhalt

Vorwort

Zum Thema Stuttgart kann der Interessierte in der Literatur auf ein reichhaltiges und qualitätvolles Angebot an Darstellungen und Beschreibungen zurückgreifen. Allerdings tat man sich schwer, wollte man eine knappe Zusammenfassung der baulichen Entwicklung der Stadt erhalten. Aus diesem Grund gab es bereits vor einiger Zeit Überlegungen, das am Städtebaulichen Institut der Universität Stuttgart zusammengetragene Material einer breiteren Öffentlichkeit zugänglich zu machen. Das daraus entstandene Buch liegt jetzt in einer vollständig überarbeiteten Neuausgabe vor. Es will all jenen dienen, die sich für die städtebauliche Entwicklung Stuttgarts interessieren oder an der Planung der Stadt von heute und morgen beteiligt sind. Um eine allgemein verständliche Darstellung zu erzielen, haben wir bewußt auf die Erwähnung fachspezifischer Details verzichtet.
Der inhaltliche Schwerpunkt dieser Veröffentlichung bezieht sich auf die Stadtentwicklung nach den Zerstörungen des Zweiten Weltkriegs, einem Zeitraum, der das Gesicht Stuttgarts weit mehr geformt hat als alle historischen Epochen zuvor. Neben ausgeführten Anlagen stehen Projekte, an denen sich die städtebaulichen Idealvorstellungen einer Zeit häufig besonders plastisch darstellen lassen. Ein umfangreicher Literaturkatalog am Ende des Buches soll demjenigen eine Hilfe sein, der sich mit speziellen Aspekten der Entwicklung Stuttgarts vertieft auseinandersetzen will.
Das Zustandekommen einer solch umfassenden Darstellung ist ohne die Mitwirkung vieler kaum zu verwirklichen. Ihnen allen möchten wir für ihre Hilfe danken. Wertvolle Hinweise lieferten die Mitarbeiter vom Referat Städtebau, des Amtes für Stadterneuerung und des Stadtplanungsamtes, die Auswahl des Bild- und Kartenmaterials wurde vom Archiv der Stadt Stuttgart und von der Landesbildstelle Württemberg freundlich unterstützt.

Antero Markelin
Rainer Müller

Blick von der Weinsteige über die Stuttgarter
Talbucht nach Norden (Emminger, um 1850)

Die Merkmale des Naturraums

Topographische Situation

Unterschiedliche Kräfte und geologische Voraussetzungen schufen jenes vielfältige Landschaftsbild, das von jeher das Stuttgarter Stadtgebiet kennzeichnete. Dieses Landschaftsbild beruht auf drei Landschaftstypen, die sich von Norden nach Süden ablösen: Auf die ebenen, fruchtbaren Grünflächen des Langen und des Schmidener Feldes im Norden folgt das bewegte Keuperbergland, das im Süden in die Filderebene übergeht. In diese Landschaft hat der Neckar, von Südosten nach Norden verlaufend, ein Tal eingeschnitten.

Wasserläufe

Die Keimzelle der Stadt liegt abseits des Neckars und der alten Verkehrslinien in einer Keupersenke, die fast vollständig von einem Höhenkranz umzogen ist. Nur im Verlauf des Nesenbachs besteht eine schmale Öffnung zum Neckar hin. Dieser im Stadtgebiet heute weitgehend verdolte Wasserlauf hatte für die Siedlung zunächst wichtige Funktionen als Wasser- und Energielieferant. Bereits im 13. Jahrhundert wird er zur Füllung des vor der Mauer liegenden Grabens aus seinem alten Bett verdrängt und um die Stadt geleitet. Der tiefste Punkt der Innenstadt befindet sich mit 245 m über NN im Bereich des heutigen Marktplatzes, während die Höhenzüge ringsum 500 m und mehr erreichen.

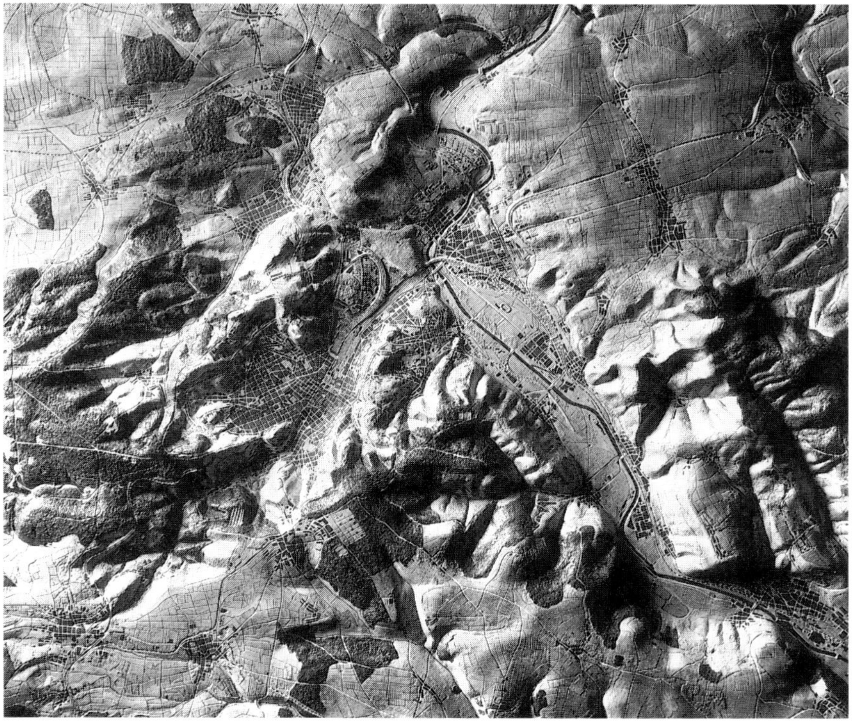

Das Modell veranschaulicht die topographische Situation Stuttgarts auf der Fläche des heutigen Stadtgebiets

Verkehrswege

Diese topographischen Bedingungen mit Höhenunterschieden von bis zu 300 m geben der Stadt auf der einen Seite ein unverwechselbares Landschaftsbild, behindern aber auf der anderen Seite ihre Zugänglichkeit. Die Verkehrswege konzentrierten sich lange Zeit auf die wenigen natürlichen Zugänge wie das Nesenbachtal im Nordosten und Süden oder den Pragsattel im Norden. Aus anderen Richtungen konnte die Stadt nur über steile, in Serpentinen geführte Wege und Straßen erschlossen werden. Erst der Zwang zu umfangreichen Tunnelbauten für die Aufnahme der wachsenden Verkehrsströme ließen diese Einschränkungen in jüngster Zeit in den Hintergrund treten.

Vegetation

Als ursprüngliche Vegetation der teilweise sumpfigen Senke kann man sich einen Auwald mit Laubhölzern vorstellen. Dieser bot einem großen Wildbestand Nahrung, was nicht zuletzt die späteren Landesherren dazu bewog, gerade hier ihre Residenz einzurichten. Da Keuperböden für die Landwirtschaft ungeeignet waren, sind bis heute größere Teile des Stadtgebiets, besonders im Süden und Westen, bewaldet. An den klimatisch begünstigten Süd- und Westhängen des Neckartals hat sich indessen der Weinbau etabliert und macht Stuttgart zu einer der größten Weinbaugemeinden im Land. Die übrigen Zweige der Landwirtschaft sind von untergeordneter Bedeutung. Sie dienen heute mehr denn je der Pflege und Erhaltung der Kulturlandschaft.

Vor- und Rücksprünge kennzeichnen den Kesselrand, hier am Bopser. Links die Ruine der Weißenburg, in Bildmitte der Lustgarten mit dem Lusthaus und im Hintergrund die Hinrichtungsstätte auf der Prag (Merian, 1624)

Vormittelalterliche Besiedlung

Keltische Siedlungen

Bodenfunde lassen vermuten, daß der mittlere Neckarraum um 500 v. Chr. Aufenthaltsgebiet für noch nicht seßhafte keltische Stämme ist. Zwei "Fürstengräber" im Steinhaldenfeld, die Befestigung auf dem Lemberg in Feuerbach aus der Hallstattzeit, sowie Grabhügel aus der La-Tène-Zeit belegen wohl auch Hofsiedlungen über zwei oder drei Generationen.

Kastell Cannstatt

Bei der Ausdehnung ihrer Herrschaft nach Nordwest- und Mitteleuropa besetzen die Römer kurz nach der Zeitenwende das Land westlich des Neckars und unterwerfen die dort lebenden Germanenstämme. Um die neu hinzugewonnen Gebiete dauerhaft zu sichern, werden am mittleren und unteren Neckar zwischen 83 und 85 n. Chr. Kastelle errichtet. In diese Zeit fällt die Anlage eines ersten Erdkastells hoch über dem Neckartal gegenüber dem späteren Kern von Bad Cannstatt, das nach etwa 15 Jahren durch ein ummauertes, mit Türmen gesichertes Militärlager ersetzt wird. Unter den Stützpunkten des Neckarlimes kommt Cannstatt sicher eine besondere Bedeutung zu, da sich hier die Fernstraße zu den Provinzhauptstädten Mainz (Mogontiacum) und Augsburg (Augusta Vindelicum) mit einem entlang des Neckars verlaufenden Handelsweg kreuzt. Bis 150 n. Chr. werden die Neckarkastelle um 50 km nach Osten in den Schwäbischen Wald verlegt, die Cannstatter Reitertruppe erhält in Welzheim ihr neues Lager. Durch die verkehrsgünstige Lage bleibt der Ort aber auch nach der Aufgabe des Kastells besiedelt. Das von Handwerkern bewohnte ehemalige Lagerdorf (vicus), dessen Lehmfachwerkbauten sich Giebel an Giebel entlang der Straßen reihten, hat noch weitere 100 Jahre Bestand. Erst als die Alemannen in der Mitte des 3. Jahrhunderts den Limes überrennen, findet die römische Zivilisation in Süddeutschland ein jähes Ende.

Grenzposten des römischen Reiches: rekonstruierte Mauer mit Eckturm im Römerpark Köngen (Grinario)

Fränkisch-alemannischer Landausbau

Ab 500 n. Chr. entstehen unter dem Einfluß der Franken hofartige Siedlungen. Es ist durchaus denkbar, daß dabei die Überreste römischer Anlagen Ansatzpunkte für eine Neubesiedlung waren. Auf der heutigen Stuttgarter Gemarkung kann eine solche Siedlungskontinuität auf der Altenburg, in Bad Cannstatt und Plieningen vermutet werden. In der Zeit des ersten fränkisch-alemannischen Landausbaus entstehen im Bereich des Talkessels die Dörfer Immenhofen und Tunzhofen, die im Mittelalter aufgegeben wurden und deren ungefähre Lage heute von den gleichnamigen Straßen markiert wird. Nicht sicher belegt ist die Existenz einer Siedlung namens Frankenbach, die an einem Nesenbachübergang in der Gegend des heutigen Schwabenzentrums gelegen haben soll.

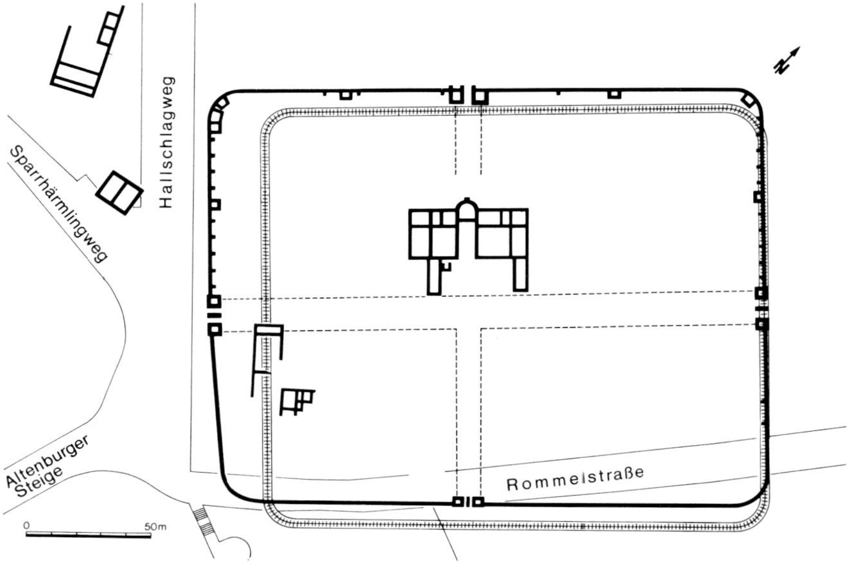

Das Kastell Cannstatt. Eine Mauer mit vier Toren, die beiden Hauptachsen und das Stabsgebäude konnten durch mehrere Grabungen 1894 – 96 und 1908 nachgewiesen werden

Römische Zivilsiedlung in Verbindung mit einem Kastell, hier eine Rekonstruktionszeichnung von Köngen (Grinario)

Die Anfänge Stuttgarts

Anlage eines Gestüts

Um 950 legt Herzog Liudolf von Schwaben den "Stuotgarte" an, ein Gestüt mit Weideflächen in der Talaue des Nesenbachs. Ausschlaggebend für die Gründung dieser Pferdezucht sind vermutlich militärische Erwägungen: Das Reich ist an seiner Südostflanke durch die Ungarn bedroht, deren Überlegenheit besonders auf schnelle Reiterheere zurückzuführen ist. Mit dem Gestüt wird ein Stuthaus für das Personal geschaffen. Unweit davon läßt Herzog Liudolf auf einem künstlichen Hügel an der Stelle des späteren Alten Schlosses ein befestigtes Gebäude errichten.

Entstehung einer Siedlung

Um diese Urzelle entwickelt sich im Laufe des 11. Jahrhunderts eine dörfliche Siedlung mit Kapelle, die nach und nach von der späteren Stiftskirche bis zur Schulstraße wächst.

Ausbau zu einer ovalen Stadtanlage

Markgraf Hermann von Baden läßt diese Siedlung im 13. Jahrhundert zu einer ovalen Stadtanlage ausbauen, die Ähnlichkeiten mit dem Grundriß Pforzheims aufweist. Wann die Erhebung zur Stadt, verbunden mit dem Marktrecht und einer Befestigung, erfolgt, läßt sich nicht exakt nachweisen. Gesichert erscheint jedoch der Bau einer Befestigungsanlage in der zweiten Hälfte des 13. Jahrhunderts.

Die befestigte Stadt im Mittelalter. Die Zeichnung zeigt das um 1350 entstandene Esslinger Tor in der Verlängerung der Marktstraße (Kiefner, 1638)

Befestigung

Die Befestigung stellt ein wichtiges Merkmal der mittelalterlichen Stadt dar, behindert jedoch durch ihre aufwendigen baulichen Anlagen deren weitere Ausdehnung. Sie besteht in Stuttgart aus der Stadtmauer mit umlaufendem Wehrgang, Zwingergraben und Zwingermauer, einem wassergefüllten Graben und einem Wall, der aus dem Erdaushub beider Gräben aufgeschüttet wird. Drei mit Türmen gesicherte Tore ermöglichen den Zugang; das Obere Tor am Ende der heutigen unteren Königstraße, das Esslinger Tor als Endpunkt der Marktstraße und das Tunzhofer Tor an der Stelle des heutigen Kanzleidurchgangs zwischen Königstraße und Schillerplatz. Dieser Befestigungsring bleibt auch nach den Stadterweiterungen zunächst erhalten. Für einen jährlich zu bezahlenden Zins wird den Bürgern gestattet, Häuser auf der Stadtmauer zu erstellen. Das mit der Aufschüttung entstandene Gefälle ist noch heute an den Steigungen derjenigen Straßen ablesbar, die vom alten Kern auf die König- oder Eberhardstraße führen (Schulstraße, Neue Brücke, Breite Straße, Hirschstraße). Auch Fragmente der Ellipse werden heute noch durch den Verlauf der Eberhardstraße ("Kleiner Graben") und der Königstraße ("Großer Graben") wiedergegeben.

Marktplatz

Am Schnittpunkt von Hirsch-, Schul-, Kirch- und Marktstraße entsteht der Marktplatz, dessen ursprünglich dreieckiger Grundriß durch mehrfache Erweiterungen zu dem heute vorhandenen, unregelmäßigen Rechteck umgeformt wird. Von den Profanbauten dieser Zeit hat sich das "Alte Steinhaus", ein gemauerter Wohnturm aus dem 13. Jahrhundert, bis nach dem Zweiten Weltkrieg erhalten.

Belagerung

Zahlreiche Fehden der Territorialherren mit der langsam zerfallenden Reichsmacht prägen das Mittelalter im Imperium Sacrum. Diese Machtkämpfe haben Auswirkung auf die Entwicklung des herrschaftlichen Stuttgart, befindet sich doch mit dem reichfreien Esslingen ein Stützpunkt des Kaisers in unmittelbarer Nähe. 1286 belagert Rudolf v. Habsburg die Stadt sieben Wochen lang von der später danach benannten Wagenburg aus. In dieser entscheidenden Situation hält Stuttgart der Reichsmacht stand.

Die Kernstadt mit dem Befestigungsring und den ursprünglichen drei Toren. Deutlich erkennbar sind die homogenen Strukturen der bürgerschaftlichen Stadt, von denen sich der höfische Bereich deutlich unterscheidet (rechts mit Altem Schloß, Kanzlei und Neuem Bau. Merian, 1638)

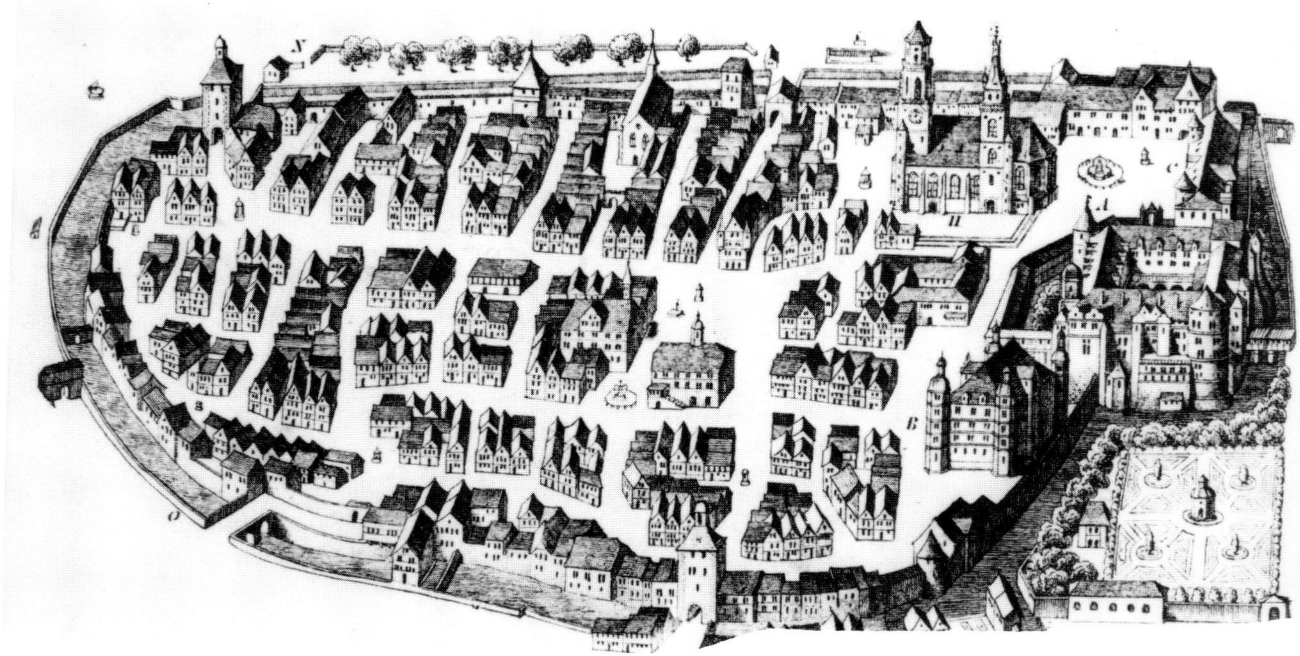

Ehemalige Wohn- und Speicherhäuser in der Schulstraße (linkes Bild). Bauhistorische Untersuchungen vor dem 2. Weltkrieg belegen die Existenz einer frühen Kaufmannssiedlung in diesem Bereich der Altstadt (1905)

Nachdem die innere Befestigung überflüssig geworden war, konnten auch private Gebäude darauf errichtet werden (Unter der Mauer, 1942)

Unter Esslinger Herrschaft

Im Reichskrieg (1310-1316) fällt Stuttgart dagegen vorübergehend an die Esslinger, die eine Schleifung aller Befestigungsanlagen verlangen. Dieser Forderung kommt man zunächst nach, doch mit der Rückeroberung werden Pläne gegenstandslos, aus Stuttgart einen unbefestigten Ort zu machen. Im Zuge der Neubefestigung wird die Stadtmauer an der Nordwestseite begradigt. Es entsteht der "Große Graben", der dann den Verlauf der späteren Königstraße bestimmt.

Hauptsitz der Württemberger

Wesentlicher für die weitere Entwicklung Stuttgarts sollte die Zerstörung der württembergischen Stammburg auf dem Rotenberg und die Verwüstung der herrschaftlichen Grabstätte in Beutelsbach durch die Esslinger sein. Diese tabula-rasa-Situation gibt Graf Eberhard I. den Anstoß, die Grafschaft nach der Wiedereinnahme neu zu organisieren. 1316 wird Stuttgart zum Sitz der "Herrschaft zu Wirtenberg" erhoben, weil die Stadt für die aus dem Neckartal heraus agierenden Esslinger schwer zu erreichen und dadurch besser geschützt ist. Außerdem liegt Stuttgart in der geographischen Mitte der Grafschaft und besitzt mit den Nesenbachauen ein wunderschönes Jagdgebiet vor seinen Toren. Die zerstörte Wasserburg wird wieder aufgebaut und mit dem Dürnitz der älteste heute noch bruchstückhaft existente Teil des Alten Schlosses geschaffen.

Stiftskirche

Mit päpstlicher Genehmigung wird das Chorherrenstift mit Erbbegräbnis 1321 von Beutelsbach in die danach benannte Stiftskirche verlegt, die bisher Filialkapelle der Pfarrkirche St. Martin auf der Altenburg (Cannstatt) war. Diese Aufwertung führt im folgenden Jahrhundert zu Baumaßnahmen, die der Stiftskirche ihre bis zur Zerstörung 1944 gültige Innenraum- und Baukörperstruktur geben. Die beiden unte-

Warenumschlag auf dem Marktplatz. An dieser Funktion hat sich in Jahrhunderten wenig geändert (Schnorr, 1827)

ren Geschosse des kleinen Turms stammen noch von einem romanischen Vorgängerbau und können auf ca. 1175 datiert werden. Der frühgotische Chor entsteht vor 1350, Langhaus und Westturm werden zwischen 1433 und 1531 errichtet. Wegen fehlender Mittel wird der Westturm nicht nach Plan vollendet, sondern erhält das nicht mehr veränderte Provisorium eines flachen Zeltdaches.

Impulse für die Wirtschaft

Mit der Erhebung zur Residenz kommen Grundherren in die Stadt. Sie beeinflussen als Bezieher von Grundrenten die örtliche Wirtschaft, die bisher fast ausschließlich auf Landwirtschaft, Handwerk und, in geringem Umfang, auf den Handel gegründet war. Das zusätzliche Arbeitsangebot erlaubt die Versorgung einer größeren Zahl von Menschen. Die Stadt wächst.

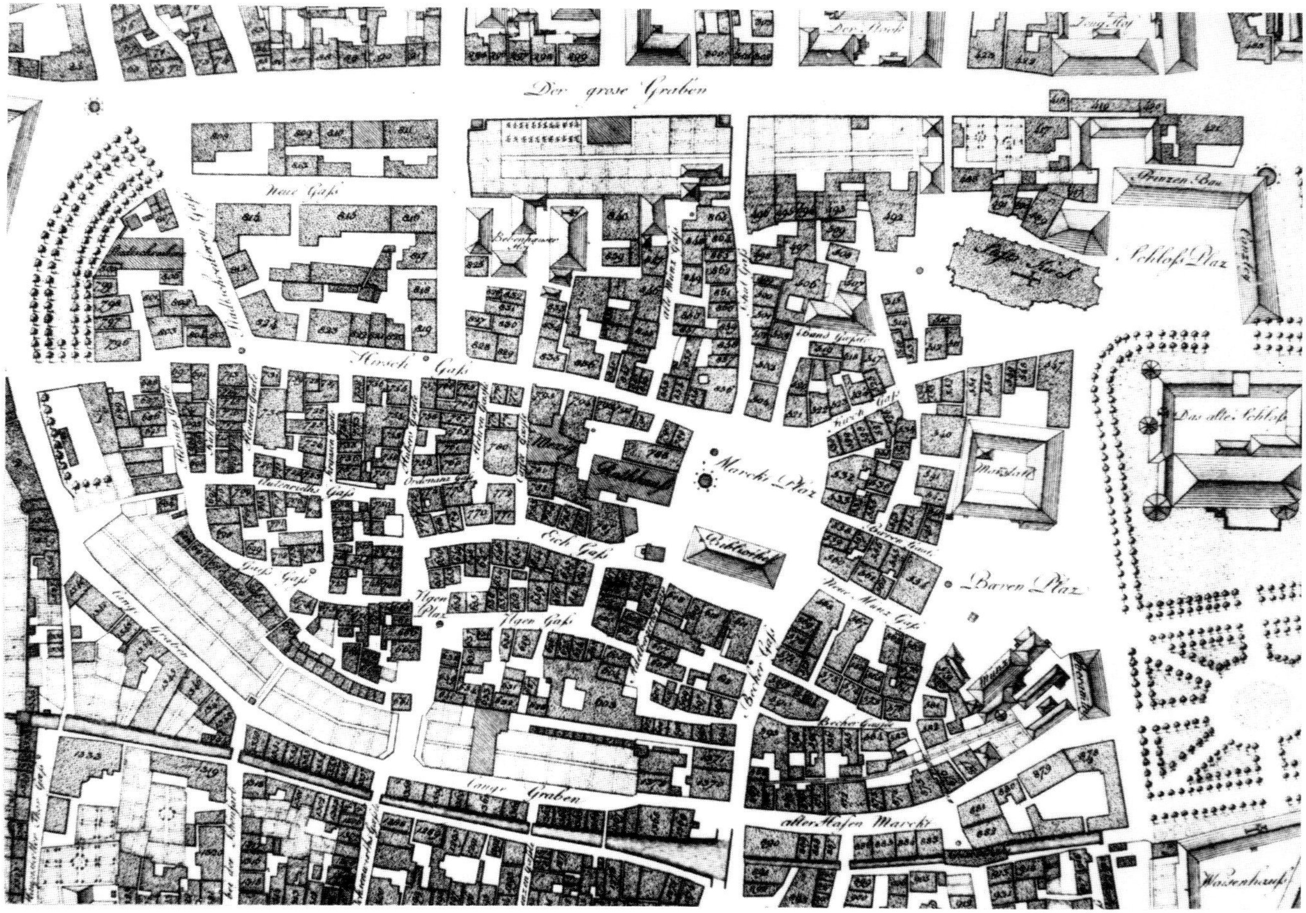

Der dicht bebaute Altstadtkern im 18. Jahrhundert. Die räumliche Begrenzung führte zu einer hohen Ausnutzung der verfügbaren Flächen, bei der vorherrschenden Holzbauweise eine große Brandgefahr (Residenzplan 1794)

Die Gründung zweier Vorstädte

Bautätigkeit außerhalb der Befestigung

Im Mittelalter ist es einigen Bevölkerungsgruppen verwehrt, in der Stadt und damit im Schutz der Befestigung zu wohnen. Zu dieser ausgeschlossenen Gesellschaft zählen nicht nur unheilbar Kranke, sondern auch Behinderte, Arme und Juden. So stehen bereits um 1300 Häuser außerhalb der Befestigung am Nesenbach entlang der späteren Eberhardstraße.

Ausbau der Leonhardsvorstadt

Mit dem Wachstum der Bevölkerung verstärkt sich im 14. Jahrhundert die Siedlungstätigkeit außerhalb der ummauerten Stadt. Die Freigabe des herrschaftlichen Fronackers 1393 kann als Beginn einer planmäßigen Stadterweiterung nach Südosten angesehen werden. Der weitere Ausbau erfolgt auf einem annähernd rechtwinkligen, fächerförmigen Straßensystem, das die heutige Hauptstätter- und Esslinger Straße zur Basis nimmt. Im Mittelpunkt dieser eigenständigen Stadtzelle steht die 1334 erstmals erwähnte Leonhardskapelle, die ab 1408 neu aufgeführt wird. Auffälliges Merkmal der Leonhardsvorstadt ist der "Lange Straßenmarkt", mit dem die Stadt einen weiteren Umschlagplatz für die verschiedensten Güter erhält, nachdem der Marktplatz zu klein geworden war. Die zu diesem Zweck außergewöhnlich breit dimensionierte Straße wird später nach der an der Stelle des Wilhelmsplatzes gelegenen Haupthinrichtungsstätte Hauptstätter Straße genannt.

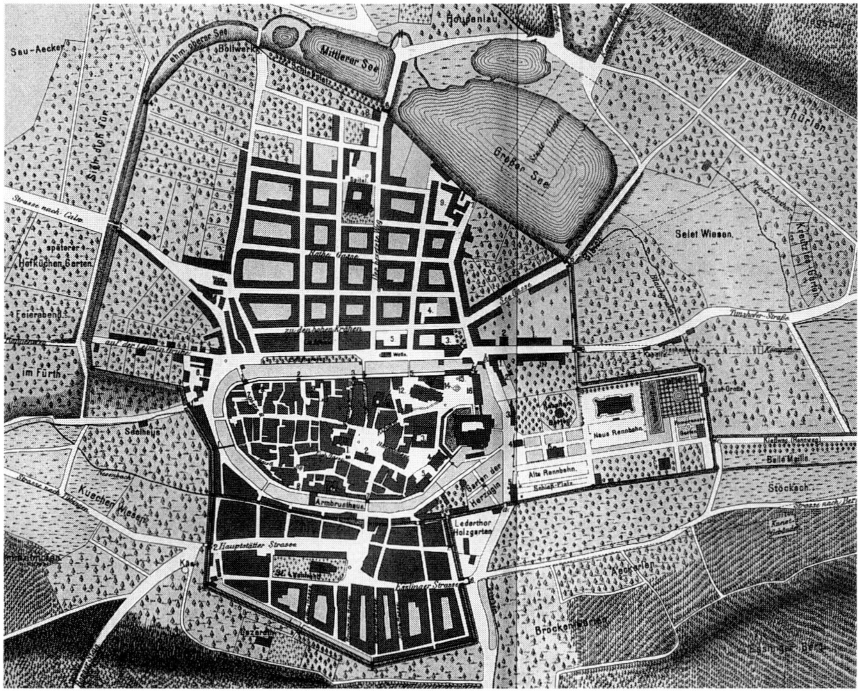

Stadtplan um 1640. Die beiden Vorstädte unterscheiden sich deutlich von der unregelmäßigen Struktur des Stadtkerns. Die künstlichen Seen am oberen Bildrand wurden bis ins 18. Jahrhundert genutzt (Rekonstruktion)

Als Straßenmarkt konzipiert: Die heutige Hauptstätter Straße (um 1890)

Quartier der Handwerker und Weingärtner

Bewohner dieses vorerst unbefestigten Erweiterungsgebiets sind Landwirte und Weingärtner, die sich häufig am Rand niederlassen, und aus der Altstadt stammende Handwerker, die dort zu wenig Arbeitsraum hatten oder die wie die Gerber, Färber oder Walker das fließende Wasser des Nesenbachs benötigen. Charakteristisch für dieses Quartier der "armen Tropfen" werden die kleinen Nutzgärten hinter den Häusern, denen Teile des Viertels den bis heute populären Namen Bohnenviertel verdanken.

Befestigung der Vorstädte

Während der häufigen kriegerischen Auseinandersetzungen mit der Reichsmacht drängen die davon stark betroffenen Bauern immer wieder in den Schutz der Stadt. Dies kann als ein Grund gelten, die Befestigung der Stadt unter Berücksichtigung ihrer weiteren Ausdehnung neu zu schaffen. 1448 wird mit dem Bau eines zweiten Befestigungsringes begonnen, der nach gut 100 Jahren Bauzeit die gesamte Stadt umschließt. Geringe Reste davon haben sich bis in die Gegenwart mit dem Schellenturm und an der Sophienstraße erhalten. Die heute noch vorhandenen Altbauten des Bohnenviertels stammen vorwiegend aus dem 18. und 19. Jahrhundert.

Zweite Stadterweiterung

Ähnlich wie auf der Südostseite des Stadtkerns sind auch im Nordwesten Ansätze für eine Erweiterung zu erkennen. Um 1450 gibt Graf Ulrich "der Vielgeliebte" ein Gelände in der Nähe seines Turnierackers zur Bebauung frei. Drei als Wasserspeicher angelegte Seen im Bereich der heutigen Universität begrenzen dieses Erweiterungsgebiet nach Norden. Im Anschluß an den gerade verlaufenden "Großen Graben" entsteht unter dem Einfluß der Idealstadtvortellungen des 15. Jahrhunderts eine planmäßige geometrische Anlage, deren orthogonale Struktur die bisherige Feldparzellierung in Teilen übernehmen kann.

Die Leonhardsvorstadt. Als eigene Stadtzelle mit der Leonhardskirche und den Marktflächen der Hauptstätter Straße konzipiert, entwickelt sich diese Vorstadt zu einem Quartier der Handwerker und Weingärtner (Residenzp an 1794)

Die Obere Vorstadt. Auf der Basislinie des Großen Grabens (heute Königstraße) wurde eine planmäßige orthogonale Straßenstruktur geschaffen. Breitere Straßen, größere Grundstücke und grüne Innenhöfe ermöglichen eine höhere Wohnqualität als die enge Altstadt (Residenzplan 1794)

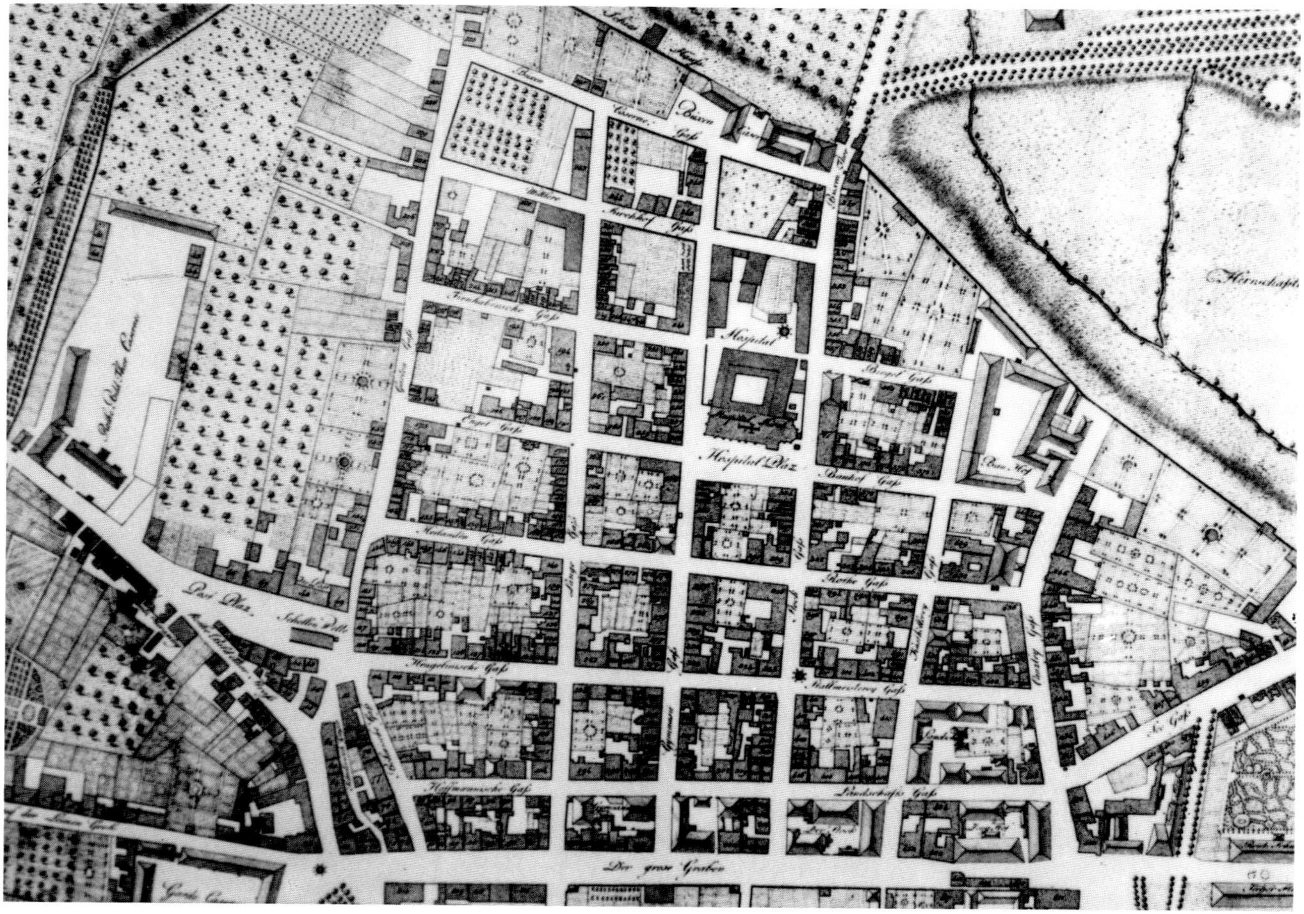

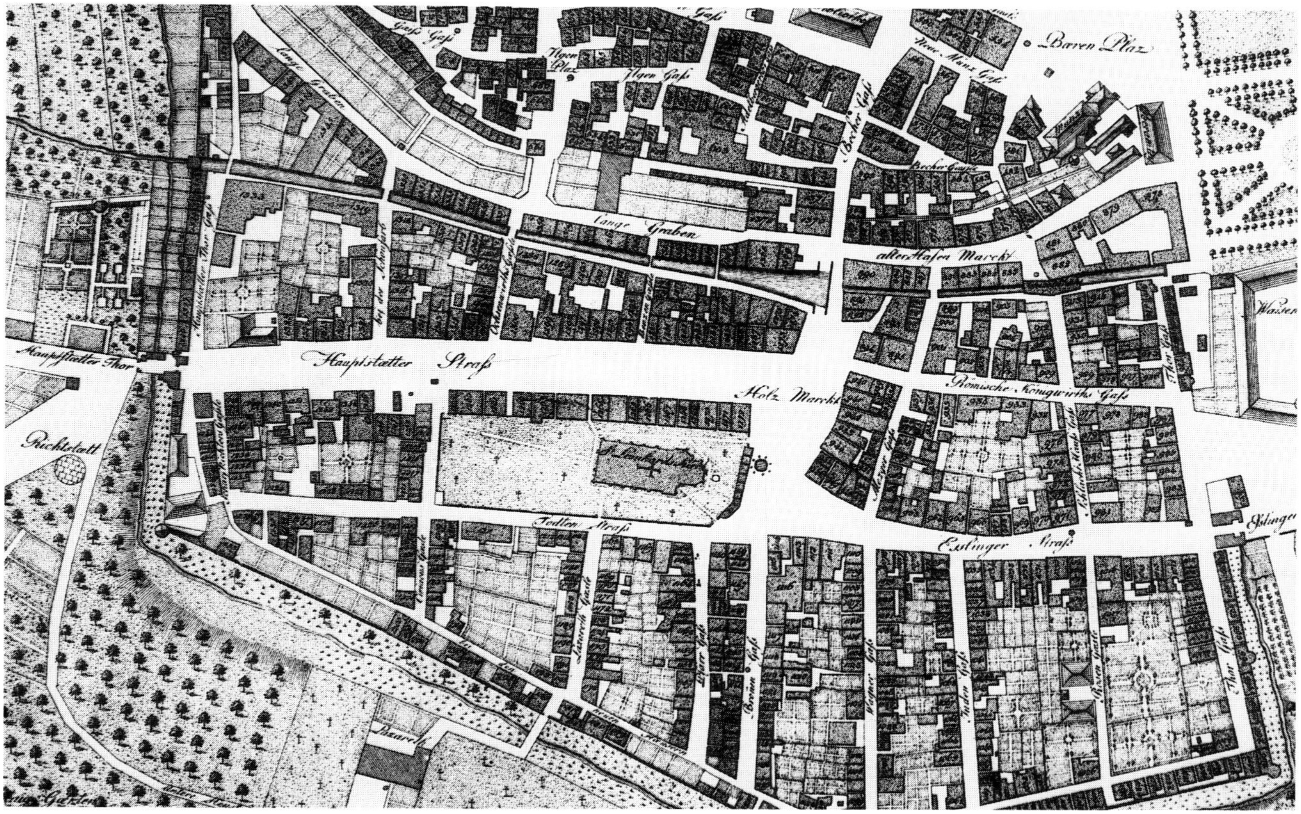

Freiflächen innerhalb der Befestigung

Die Befestigung ist mit einer Verschanzung zunächst dürftig, weshalb die ersten Bewohner wie auch in der Leonhardsvorstadt zu den Ärmeren zu zählen sind. 1567 ist die erst 1520 begonnene Ummauerung unter Einschluß größerer Freiflächen im Westen fertiggestellt. Damit ist die Versorgung der Bevölkerung mit landwirtschaftlichen Gütern bei Belagerungen besser möglich. Außerdem verfügt man über Erweiterungsflächen innerhalb der Befestigungsanlage.

Obere Vorstadt

Danach entwickelt sich die Obere Vorstadt, deren Mittelpunkt die Hospitalkirche mit dem zur Reformation aufgelösten Dominikanerkloster bildet, zu einer reinen Wohnstadt für die entstehende Stuttgarter "Ehrbarkeit". Dazu zählen die hohe Beamtenschaft sowie Adel und Klerus. An den breiten, geraden Straßen entstehen größere und besser ausgestattete Gebäude. Die soziale Differenzierung einzelner Viertel kommt nicht nur baulich zum Ausdruck, sondern auch im Wandel der Bezeichnung von Turnieracker- und Oberer Vorstadt zu Reicher Vorstadt.

Eine respektable Residenz: der höfische Bereich mit Lustgarten, Lusthaus, Schloß und Neuem Bau in der Renaissance. (Merian, 1638)

Repräsentationsplatz vor dem Schloß: der Alte Schloßplatz (heute Schillerplatz) mit der Alten Kanzlei (Mitte) und dem Prinzenbau (Obach, 1839)

Hof und Bürgerschaft in der Renaissance

Stagnation

Mit der Anlage der Oberen Vorstadt ist die bauliche Erweiterung Mitte des 16. Jahrhunderts bis auf weiteres abgeschlossen. Verheerende Kriege und Seuchen verursachen immer wieder einen Rückgang der Bevölkerung. So hat die Bebauung auch zu Beginn des 19. Jahrhunderts den durch die Befestigung gebildeten Rahmen noch nicht vollständig ausgefüllt. Die Einwohnerzahl wächst in den drei Jahrhunderten, von vielen Rückschlägen begleitet, von knapp 10 000 auf gut 20 000 an.

Ausbau der Residenz

Bauliche Veränderungen finden besonders im Bereich des Schlosses statt. Die Friedensperiode von 1550-1634 macht die bescheidene Residenz zu einer bedeutenden Hofhaltung ihrer Zeit. Die Wasserburg erhält drei Arkadenflügel, die einen Turnierhof umschließen. Ihr gegenüber wird zunächst das Alte Lusthaus errichtet, kurze Zeit später folgt das Neue Lusthaus mit einem aufwendigen Tanz- und Ballsaal. Vor der Stadt liegt der herzogliche Lustgarten, dem Geschmack der Renaissance entsprechend mit Brunnen, Obelisken, Phantasiebauten, ornamentalen Beeten und Wasserspielen sowie einer Grotte ausgestattet. Zum Betreiben dieser Wasserkünste dient die als Wasserturm errichtete Säule an einer Ecke der Alten Kanzlei (heute Merkursäule).

Anlage eines Schloßplatzes

Zur angemessenen Ausstattung der Umgebung des Schlosses gehört auch die Schaffung eines zur Stadt hin orientierten Vorplatzes. Um diesen Plan zu verwirklichen, werden um 1600 Teile des Fruchtkastens zusammen mit einigen Wohnhäusern abgebrochen. Den neu geschaffenen Platz begrenzen die herzogliche Kanzlei, der erst im 18. Jahrhundert vollendete spätere Prinzenbau, der neugestaltete Fruchtkasten und der Chor der Stiftskirche. Mit diesem bis heute in seiner ursprünglichen Form erhaltenen Platz (nach dem 1839 aufgestellten Schillerdenkmal wird der Platz heute Schillerplatz genannt) erhält die Stadt einen neuen Platztyp, der allein der Repräsentation und nicht, wie die bisher entstandenen Plätze und Straßenerweiterungen, dem Warenumschlag dient.

Konstituierung des Landtags

Im krassen Gegensatz zur höfischen Prachtentfaltung steht der harte und karge Alltag der Handwerker, Weingärtner und Bauern, die mit ihren Abgaben die Kriege, die Baumaßnahmen und die bisweilen ausschweifende Hofhaltung ihrer Herren finanzieren. In Aufständen versuchen einige Bauern vergeblich, sich eigene Rechte zu erkämpfen. Größeren Erfolg haben dabei die Landstände, die die wachsenden Schulden ihrer Herren erst nach Zusage wichtiger Mitspracherechte übernehmen. Dadurch entsteht eine Kontrollinstanz, wobei Württemberg das erste und lange Zeit einzige deutsche Land ist, in dem die feudalen Herren an eine Konstitution gebunden sind und der Bürgerschaft eine gewisse Einflußnahme möglich ist.

30-jähriger Krieg

Als der 30-jährige Krieg 1634 Stuttgart erreicht, flieht der Hof mit allem beweglichen Hab und Gut ins sichere, stark befestigte Straßburg. Die Stadt wird geplündert und verwüstet, die Bevölkerung verarmt und wird von Seuchen heimgesucht. Am Ende des Krieges leben in Stuttgart noch 4 500 Menschen, während es 1634 noch knapp 10 000 waren.

Der Große Graben im 18. Jahrhundert. Auf den ehemaligen Befestigungsanlagen wurden Gärten angelegt und ein Wachgebäude errichtet (um 1780)

Neuerungen im Bildungswesen: die Hohe Carls-Schule, die erste Hochschule in Stuttgart (Conz, 1775)

Die Stadt im 18. Jahrhundert

Schloßanlagen

Die Veränderungen des Stuttgarter Raumes im 18. Jahrhundert kennzeichnet eine ungewöhnlich große Zahl feudaler Schloßbauten und Gartenanlagen. Diese werden weit außerhalb der Stadt errichtet, nachdem deren bescheidene Befestigungsanlagen keinen wirksamen Schutz mehr bieten. Stuttgart gerät in eine Phase der Stagnation. Wiederholt ist seine Funktion als Residenzstadt infrage gestellt.

Manufakturen

Als Leitfigur für die Bauprojekte auch der württembergischen Herzöge dient das Versailles Ludwigs des XIV. Vorhaben dieser Größe überfordern freilich die wirtschaftliche Kraft des kleinen Flächenstaates. Die Frondienste und Abgaben der Untertanen reichen nicht aus. Der Geldnot versuchen die Fürsten durch den Verkauf von Soldaten und die Gründung von Manufakturen zu begegnen. Ihnen kommt aber keine größere Bedeutung zu, dienen sie durch die Produktion von Luxusgütern doch vorwiegend der Versorgung des Hofes. Dieser Phase herzoglicher Wirtschaftsförderung entstammt die heute noch produzierende Ludwigsburger Porzellanmanufaktur.

Schloß Ludwigsburg

In einem seiner schönsten Jagdreviere auf dem Langen Feld läßt Herzog Eberhard Ludwig 1704 ein Jagdschloß errichten, das er schon bald zu seiner Hauptresidenz ausbauen will. Immer neue Pläne machen das Schloß in 30 Jahren zu einer weitläufigen Vierflügelanlage mit zugehörigem Park.

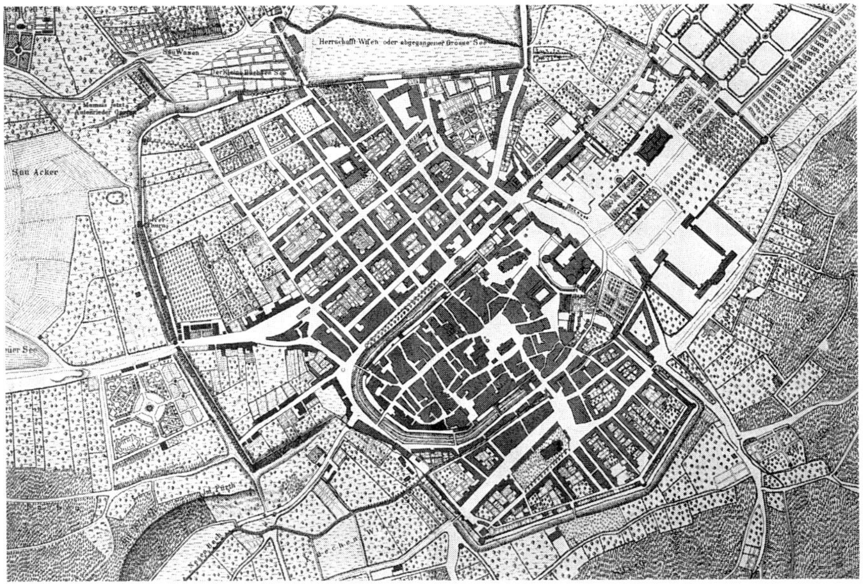

Stadtplan 1743 Die vom Hof ausgehende Bautätigkeit findet im 18. Jahrhundert im wesentlichen außerhalb Stuttgarts statt

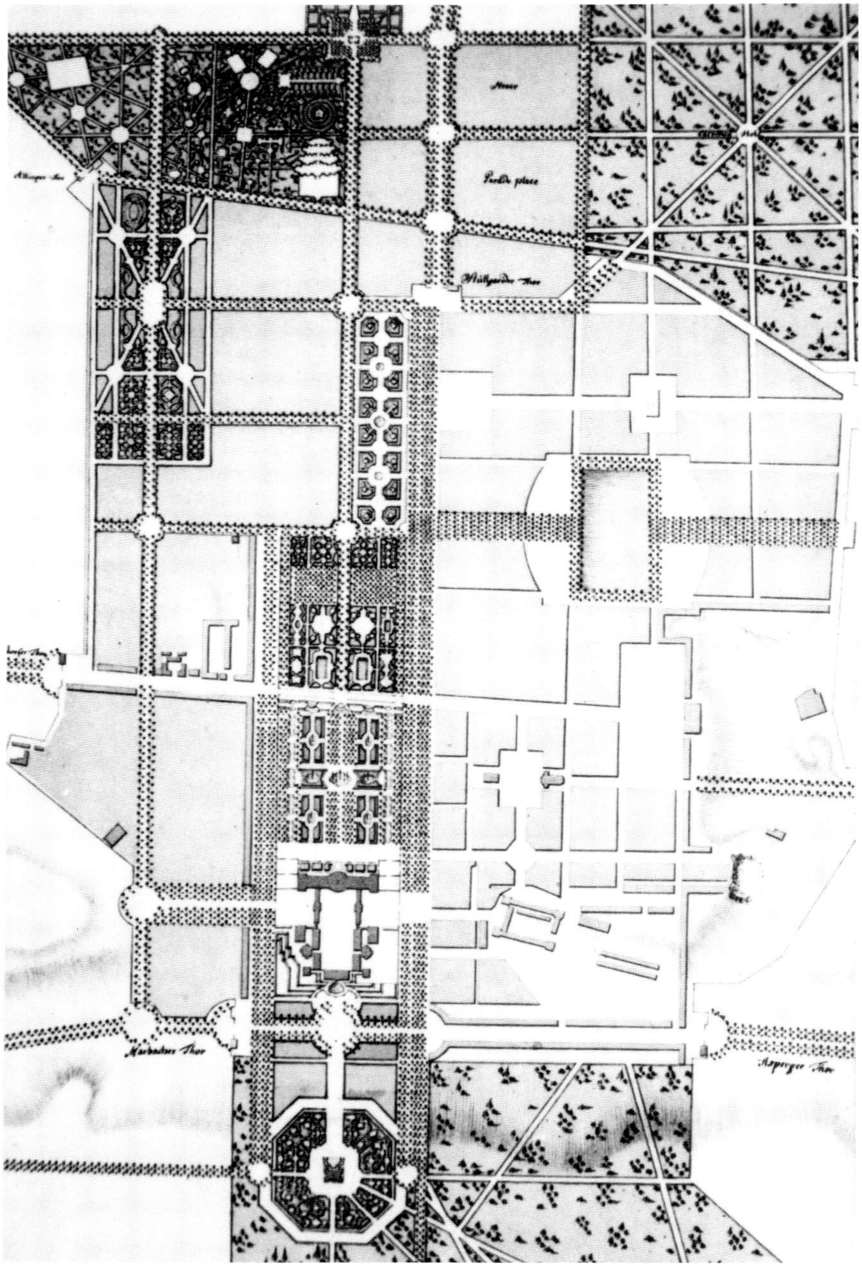

Natur als geometrisch geordnete Staffage: Entwurf der Gartenanlagen für Herzog Carl Eugen in Ludwigsburg (Schreyer, um 1760)

Stadtgründung

Schon während des Schloßbaues ist es die Absicht des Herzogs, im Anschluß an die Schloßanlagen eine Stadt nach seinen Vorstellungen zu gründen, die den absoluten Machtanspruch auch städtebaulich dokumentieren und seinen Namen tragen soll. Geplant sind zwei spiegelgleiche Hälften, für die das Schloß gleichermaßen das Zentrum und die Bezugsachse darstellt. Die ebene Topographie begünstigt die Anlage eines geometrisch geordneten, rechtwinkligen Straßensystems. Die beiden Straßenhälften entwickeln sich allerdings sehr unterschiedlich. Während der Bereich westlich des Schlosses mit einem großzügigen Marktplatz und zwei sich gegenüberstehenden Kirchen, dem kleineren Holzmarkt und dem Rathaus einen eigenen Mittelpunkt erhält, kommt die Bebauung östlich des Schlosses über Ansätze nicht hinaus.

Barocke Stadtplanung im Absolutismus: Ludwigsburg (Frisoni, 1733)

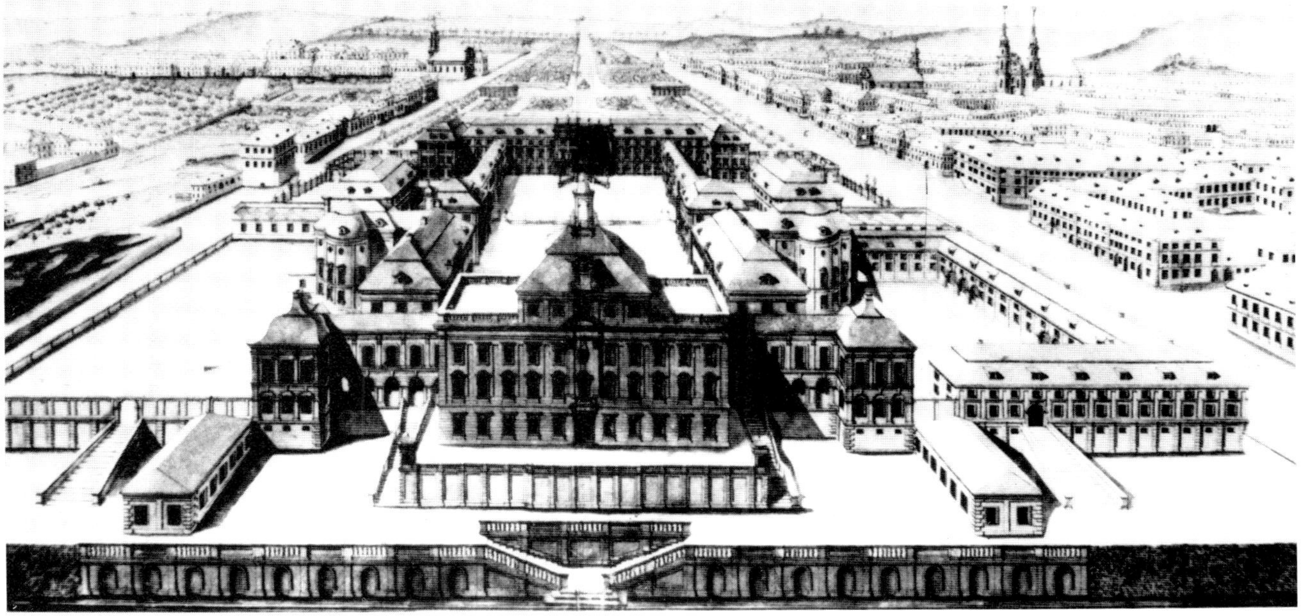

Verspielte Formenwelt des Rokoko: der Architekturgarten am Schloß Solitude (Abel, 1775)

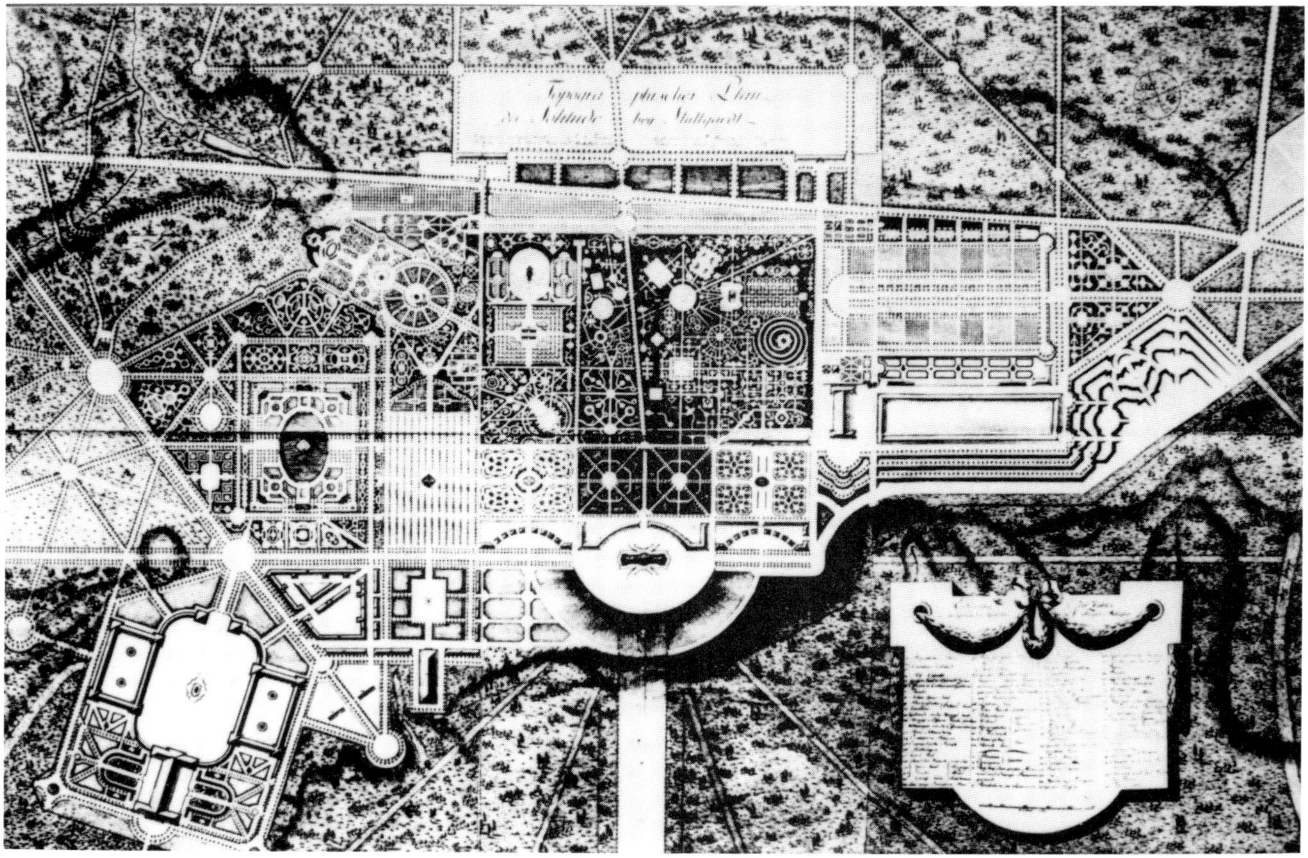

Bauvorschriften

An allen Straßen sind die Höhe und Breite der Häuser sowie die Anzahl der Stockwerke festgelegt. Damit erfolgt der Ausbau der Stadt nach festen Regeln, die sowohl ein einheitliches Bild als auch die Unterordnung der Privathäuser unter die dominierenden Bauten des Herzogs und der Kirche gewährleisten sollen. Gestalterisch kommt den Eckgebäuden, die anstelle der maximal zulässigen zwei Geschosse über drei Geschosse verfügen müssen, eine größere Bedeutung zu.

Anreize zur Ansiedlung

Nur zehn Jahre nach der Gründung wird Ludwigsburg bereits zur Stadt erhoben. Um die Ansiedlung in seinem städtebaulichen Kunstgebilde attraktiver zu machen, schafft Herzog Eberhard Ludwig zahlreiche Privilegien. Dazu gehören die Reduzierung des Einbürgerungsgeldes, eine befristete Steuerfreiheit oder umsonst überlassenes Baugelände. Freilich darf nicht jeder bauen: 1 000 Reichstaler und ein guter Leumund sind Voraussetzung für eine Baugenehmigung. 1758 wird mit dem Bau einer die bestehende Bebauung weiträumig umschließende Mauer begonnen. An den Ausfallstraßen entstehen Tore mit Wachhäusern, deren Funktion sich auf die Kontrolle beschränkt und die insbesondere das Desertieren der Soldaten verhindern sollen.

Hof und Wirtschaft

Wie stark Leben und Wirtschaft beider Städte mit dem Hof verwachsen sind, wird bei der zweimaligen Verlegung der Residenz von Stuttgart nach Ludwigsburg (1717-34 und 1764-75) spürbar. Der gesamte Hofstaat und die den Hof bedienenden Handwerker und Händler folgen dem Herzog und lassen die jeweils abgehalfterte Residenzstadt veröden. Dieser Effekt trifft das junge Ludwigsburg freilich viel härter als eine in Jahrhunderten gewachsene Stadt wie Stuttgart.

Eine schnurgerade Allee verbindet das Schloß Solitude mit Ludwigsburg (1931)

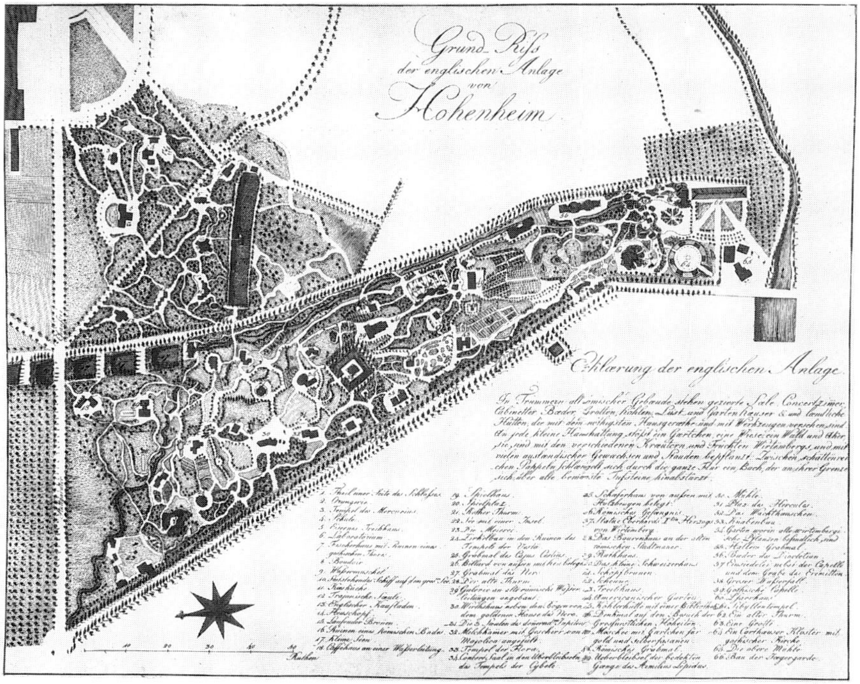

Der Natur nachempfunden: Englische Anlage im Park von Hohenheim (Heideloff, 1795/1800)

Schloß Hohenheim, letztes Projekt Herzog Carl Eugens (1818)

Kasernenbau

Mit der Übertragung der Quartierslasten auf den Staat sowie der Vergrößerung des Militärs entstehen in Stuttgart die ersten Kasernen. 1705 befiehlt Herzog Eberhard Ludwig die Errichtung eines Gebäudes für die 40 Mann starke Leibgarde zu Pferd, macht den noch nicht vollendeten Bau jedoch 1720 zu einem Waisenhaus. Das nie militärisch genutzte Gebäude ist noch heute in der von Paul Schmitthenner veränderten Form erhalten und Sitz des Instituts für Auslandsbeziehungen. Auch die 1740 hinter dem Neuen Schloß begonnene Untere Kaserne, später Domizil der Hohen Carls-Schule, sollte in erster Linie anderen Zwecken dienen. Lediglich in der ab 1753 am unteren Ende des Großen Grabens errichteten Legionskaserne findet das Militär für längere Zeit eine ständige Unterkunft.

Neues Schloß

Die erste Rückkehr des Hofes von Ludwigsburg bringt es mit sich, daß auch in Stuttgart der Bau einer zeitgemäßen Residenz in Angriff genommen wird. Im ehemaligen herzoglichen Lustgarten entsteht ab 1744 das Neue Schloß, eine Dreiflügelanlage, die sich im Gegensatz zur festungsartigen Geschlossenheit des Alten Schlosses nach drei Seiten öffnet. Das Interesse Herzog Carl Eugens an diesem Domizil ist allerdings gering, so daß der Innenausbau erst 1807 vollendet wird. Um so mehr schätzt der Herzog landschaftlich reizvolle Gegenden abseits der ungeliebten Stadt. Im Laufe seiner über 50 Jahre dauernden Regierungszeit entsteht ein Kranz von Schlössern, die heute beliebte Ausflugsziele geworden sind und auch den demokratischen Landesvertretern hin und wieder zu Repräsentationszwekken dienen.

Collage untersch edlichster Reiseeindrücke: Kulissendorf in der englischen Anlage in Hohenheim (Heideloff, 1797)

Schloß Solitude

1763 wird im Glemswald westlich von Stuttgart mit der Errichtung des Schlosses Solitude begonnen. Der mitten im Wald angelegte Garten, ein Spiegel der Formenwelt des Rokoko, zeigt noch einmal den Triumph des absolutistischen Herrscherwillens über die Unregelmäßigkeiten der Natur. In diese schon groteske Fülle von Beet- und Heckenarchitekturen sind Kavalliershäuser, ein Theater, eine Kirche, eine Orangerie, eine Menagerie und andere Einrichtungen eingestreut. Zur Verbindung seiner diversen Wohnsitze läßt Carl Eugen schnurgerade Straßen errichten. Das eindrucksvollste Beispiel ist die heute noch vorhandene 14 Kilometer lange Allee zwischen dem Schloß Solitude und Ludwigsburg, die später als Basislinie für die Landesvermessung genutzt wird.

Seeschloß Monrepos

Auch in der Umgebung von Ludwigsburg setzt der Herzog seine Tätigkeit als Bauherr fort. 1755 wird der Eglosheimer See gefaßt, an dessen Schmalseite zwischen 1760 und 1765 das Monrepos genannte Seeschloß entsteht.

Schloß Hohenheim

Mit zunehmendem Alter wird Carl Eugen des ausschweifenden Lebens in der prunkvollen Umgebung müde und beschließt, sich auf ein bescheideneres, ländliches Leben einzurichten. Zu diesem Zweck läßt er auf einer Anhöhe über dem Körschtal anstelle der Wasserburg der Ritter von Hohenheim zwischen 1771 und 1793 das Schloß Hohenheim errichten. In Verbindung mit diesem Landgut wird ein der Natur nachempfundener Park in Anlehnung an die gerade aufkommenden Landschaftsgärten geschaffen. Eine Sammlung unterschiedlichster Gebäude, die dem Herzog auf seinen Reisen quer durch Europa begegnet waren, soll in diese scheinbar naturbelassene Landschaft plaziert werden. Der Anlage liegt die Idee einer dörflichen Gemeinschaft zugrunde, die sich auf den Ruinen antiker Gebäude gebildet hat. Es gibt ”private” und ”öffentliche” Gebäude, eine Moschee, ein Kloster, ein Rathaus, ein Wirtshaus, auch ein Gefängnis. Die wenigen zeitgenössischen Darstellungen zeigen ein Kulissendorf, in dem bei besonderen Anlässen eigens herbefohlene Statisten für echtes Leben sorgen. Nach dem Tod ihres Schöpfers zerfällt die Anlage innerhalb weniger Jahrzehnte, im heutigen Exotischen Garten lassen sich nur noch geringe Reste dieser Gebäude ausmachen.

Hohe Carls-Schule

Auch im Bildungswesen sorgt der Herzog für Veränderungen. 1770 gründet er eine an der Militärausbildung orientierte Schule, die 1773 zur Akademie und 1781 zur Universität erhoben wird. In ihr soll die geistige und künstlerische Elite des Landes herangezogen werden. Doch schon sein Nachfolger läßt die Hohe Carls-Schule, die schnell einen sehr guten Ruf erlangt, aus kurzsichtigen Gründen und zum Nachteil des Landes wieder schließen.

Von der Residenz- zur Industriestadt

Höfische Bauprojekte

Erst nach 1800 erhält die Stadtentwicklung durch die Könige Friedrich I. (vormals Herzog Friedrich II) und Wilhelm I. neue Impulse. Das Neue Schloß wird ab 1806 vollendet. Im Anschluß daran entwirft Thouret eine bis zum Neckar reichende Parkanlage, die, und hier zeigt sich ein Wandel des aristokratischen Selbstverständnisses, der Bevölkerung zugänglich gemacht wird. Die Höhenzüge links des Neckars bilden dann einen Schwerpunkt aristokratischer Bautätigkeit im 19. Jahrhundert. Es entstehen mehrere, den jeweiligen Zeitgeschmack widerspiegelnde Gebäude und Anlagen: das als Sommersitz gedachte Schloß Rosenstein (1824-29), die Wilhelma (1842-53), eine dem Hof vorbehaltene exotische Garten- und Gewächshausanlage und die Villa Berg (1845-53) als "Landsitz" für den Kronprinzen. Diese Projekte und die von den Herrschenden forcierten Ausbaupläne für die Residenzstadt zeigen, wie groß noch immer der Einfluß des Hofes auf die Entwicklung der Stadt ist.

Großzügiger Straßenraum mit nobler Randbebauung: die Königstraße im Klassizismus (Ebner, 1840)

Abbruch der Befestigung

In diesen Jahren verschwinden zahlreiche Relikte aus dem Mittelalter, die man für überholt hält und die dem Ausbau der Stadt im Wege stehen: Folter- und Pulverturm werden abgebrochen, die Befestigungsanlagen beseitigt und die Stammburg auf dem Württemberg durch eine Grabkapelle ersetzt. Nachdem die Stadt dieses Korsett abgelegt hat, kann sie nahtlos zur bestehenden Bebauung erweitert werden.

Bauvorschriften

Um eine einheitliche Stadtgestalt zu erreichen, wird die Größe der Hauptfront neuer Gebäude durch eine Bauverordnung festgeschrieben. Die Festlegung unterschiedlicher Hausbreiten von Quartier zu Quartier fördert die Entstehung sozial unterschiedlich strukturierter Stadtviertel. Um eine Ausbreitung von Bränden zu verhindern, darf nur in wenigen Bereichen der Stadt noch die billigere Fachwerkbauweise angewandt werden, grundsätzlich ist der Steinbau vorgeschrieben. Alle neuerrichteten Fachwerkkonstruktionen sind zudem unter Putz zu legen, wodurch sie den Charakter von Massivbauten erhalten.

Erweiterungsgebiete im Norden

Die Erweiterungsgebiete befinden sich im wesentlichen nördlich und südlich der bestehenden Bebauung. Dabei werden entweder vorhandene Straßen verlängert oder aus der Stadt führende Landstraßen als Entwicklungsachsen genutzt, die damit die Richtung des künftigen Stadtwachstums markieren. Als Magistrale der Stadt entsteht auf dem Großen Graben die Königstraße, die über den Schloßplatz hinaus verlängert wird und mit den von der Solitude translozierten Bauten des Marstalls und der Eberhardskirche einen öffentlichen Charakter erhält. Hier schließt sich nach Westen die ab 1811 entstehende Friedrichsvorstadt an, wobei die diagonal verlaufende Friedrichsstraße im sternförmigen Friedrichsplatz endet. Dieses Viertel übernimmt mit seinen stattlichen Gebäuden die bisherige Funktion der Reichen Vorstadt als Wohngegend einer bürgerlichen Oberschicht. Eine ähnliche Entwicklung kennzeichnet die parallel zu den Schloßanlagen verlaufende Neckarstraße.

Tübinger Vorstadt

Im Anschluß an die Eberhard- und Torstraße entsteht die Tübinger Vorstadt. Sie ist für diejenigen Handwerker geplant, deren Geruchsemissionen in anderen Teilen der Stadt nicht länger geduldet werden. Dazu zählen besonders die Gerber, die

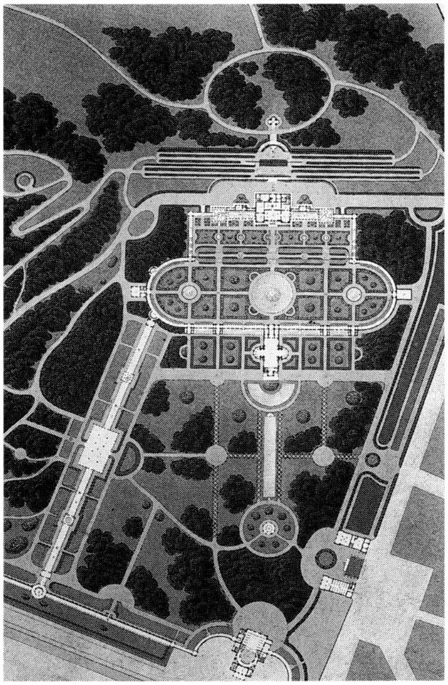

Königliches Refugium in maurischen Formen: die Wilhelma (Zanth, um 1850)

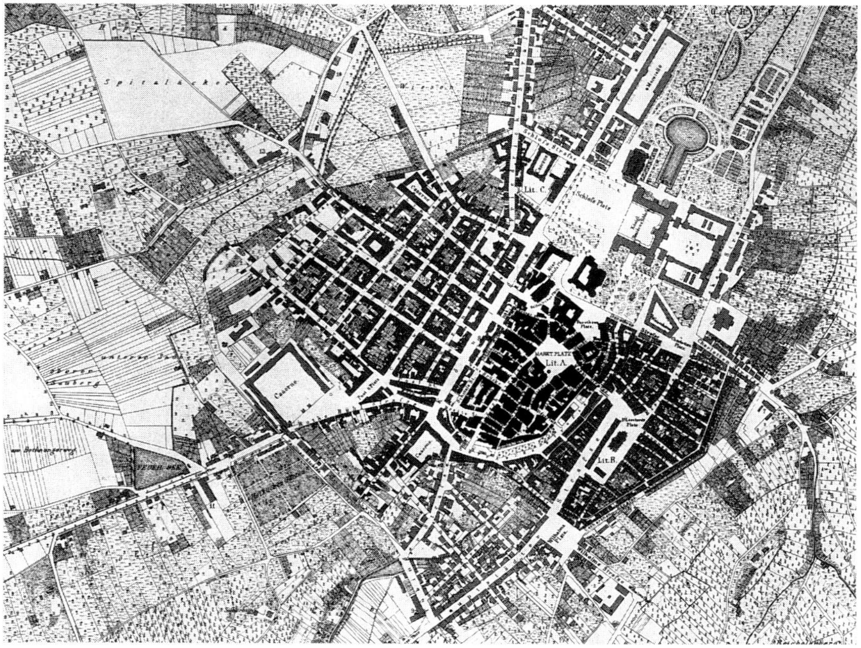

Stadtplan 1831. Die Erweiterung konzentriert sich auf wenige Straßenzüge

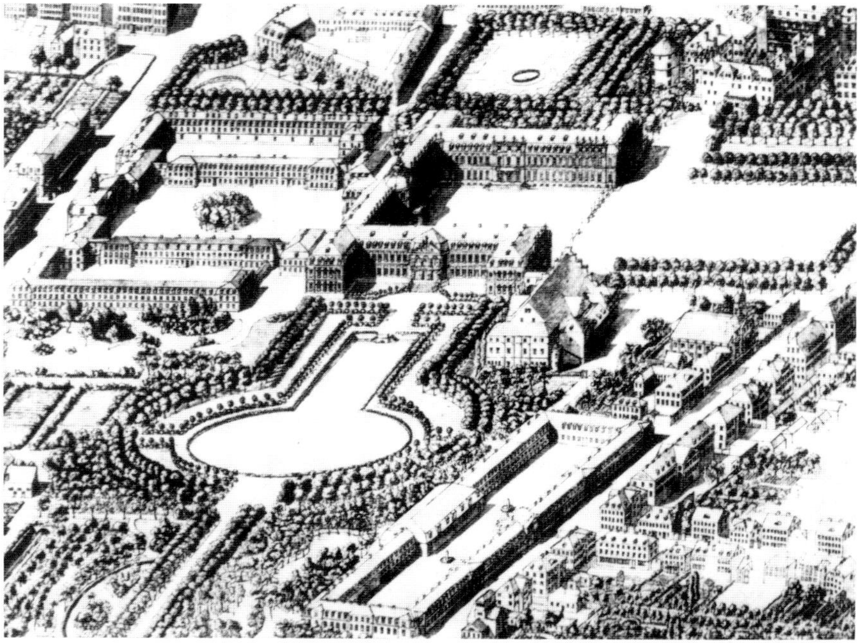

Das Residenzviertel mit dem Neuen Schloß, der verlängerten Königstraße und dem neu geschaffenen Schloßgarten (Thouret, 1831)

diesem Viertel den bis heute gültigen Namen Gerberviertel geben. Am Verlauf der Straßen zeigt sich, daß hier nur ein annähernd geometrisches Grundraster angestrebt wurde. Stadträumliche Gestaltungsabsichten verraten lediglich zwei am Rande des Viertels angelegte Plätze: der rechteckige Wilhelmsplatz und das Lindle, eine elliptische Aufweitung der Hauptstätter Straße. Ähnlich wie der Friedrichsplatz am nördlichen Stadteingang soll auch das Lindle den in die Stadt Kommenden mit einer großzügigen Geste empfangen.

Neue Stadttore

Mit der Verschiebung der Stadtgrenze müssen die Torbauten neu errichtet werden. Sie dienen der Kontrolle und bilden an den Ein- und Ausgängen der Stadt einen räumlichen Abschluß.

Generalbebauungspläne

Um das Wachstum der Stadt zu fördern, werden zu Beginn des 19. Jahrhunderts zum ersten Mal Generalbebauungspläne erstellt. Dabei bleibt das erste Planwerk von 1818 noch ohne Auswirkung auf die Stadtentwicklung. Es wird 1827 durch den Ingenieur Etzel überarbeitet, der für Erweiterungen im Osten und Norden ein Rasterschema vorsieht, das auf die vorhandene Straßenstruktur wenig Rücksicht nimmt. Von diesem Plan wird die Olgastraße als Achse und die für die weitere Entwicklung wichtige Neue Weinsteige in spätere Planungen übernommen. 1832 erfolgt die zweite Neufassung durch den Hofbaumeister Thouret, der das rasterförmige Erschließungssystem in den bestehenden Stadtgrundriß einfügt. Auffälligstes Merkmal sind die stark vergrößerten Baublöcke im Westen, die die Richtung

Kontrollstelle und Stadtsymbol: das Königstor am Ende der Königstraße (Fleischhauer, um 1830)

Generalbebauungsplan nach der Überarbeitung durch Nikolaus von Thouret, um 1832. Die Calwer Chaussee, die spätere Rotebühlstraße, dient als Basislinie für die Planquadrate des Westens

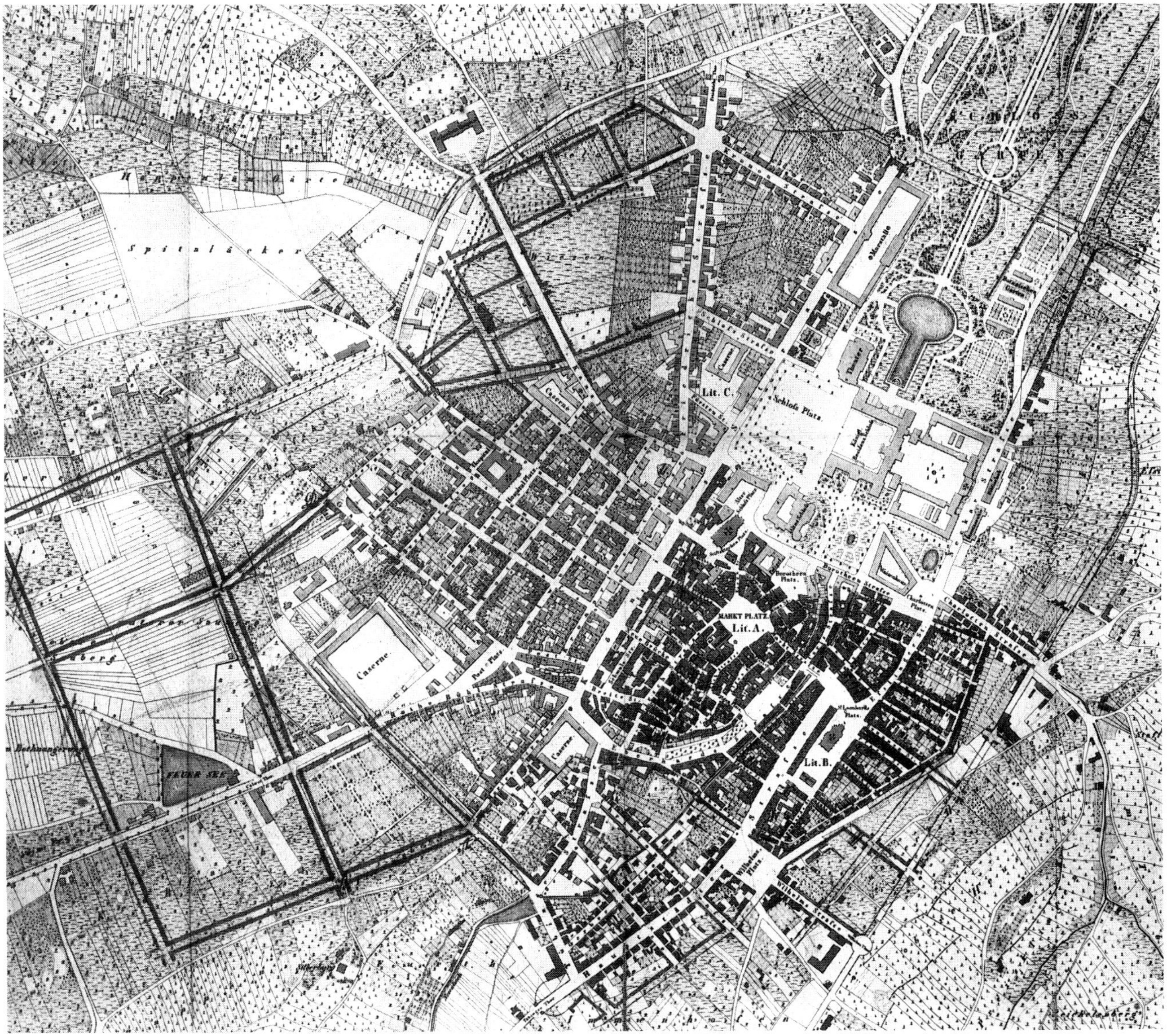

Neckarweihingen
Dorf Asperg
Eglosheim
Pøppenweiler
LUDWIGSBURG
Ossweil
Möglingen
Pflugfelden
Hochdorf
Hochberg
Schwieberdingen
L A N G E S   F E L D
Kornwestheim
Aldingen
Hemmingen
Münchingen
Stammheim
Hohenacker
Hegnach
Mühlhausen
Oeffingen
Hirschlanden
Kornthal
Zuffenhausen
Schmieden
WAIBLINGEN
Ditzingen
Münster
Weil im Dorf
Feuerbach
Fellbach
KANNSTADT
Romelshausen
Berg
Uhlbach
Wangen
Ob. Türkheim
Sillenbuch
Heumaden
Degerloch
Mettingen
Vaihingen
Ruith
Möringen
Rohr
Birkach
Kemnath
Berkheim
Nellingen

der vorhandenen Calwer Chaussee (heute Rotebühlstraße) aufnehmen. Das entstehende rechtwinklige Erschließungssystem trifft dadurch im stumpfen Winkel auf das vorhandene Koordinatensystem der Stadt. An dieser Planung von 1832 orientiert sich der Ausbau der Sohle des westlichen Beckens, der erst kurz vor der Jahrhundertwende abgeschlossen ist.

Cannstatt wird Kurort

Parallel dazu entwickelt sich das benachbarte Cannstatt dank reicher Mineralquellen zu einem der bekanntesten Kurorte in Europa.

Neue Kasernen

Mit der Trennung von Infanterie und Kavallerie werden in den 40er Jahren des 19. Jahrhunderts zwei neue Kasernen errichtet, die Rotebühl- und die Reiterkaserne. Aufgrund ihrer Dimensionen – die Rotebühlkaserne ist bei ihrer Einweihung 1843 das größte Bauwerk in der Stadt – liegen beide Gebäude am Rand bzw. ganz außerhalb der bis dahin bebauten Flächen. Die als Rotebühlbau heute noch existierende ehemalige Kaserne wird in den 70er und 80er Jahren von Wohnbauten umschlossen, bleibt aber immer ein Fremdkörper im Stadtgrundriß an der Nahtstelle zwischen dem Zentrum und dem Westen.

Das Land am mittleren Neckar 1834 vor der Industrialisierung (Abb. links)

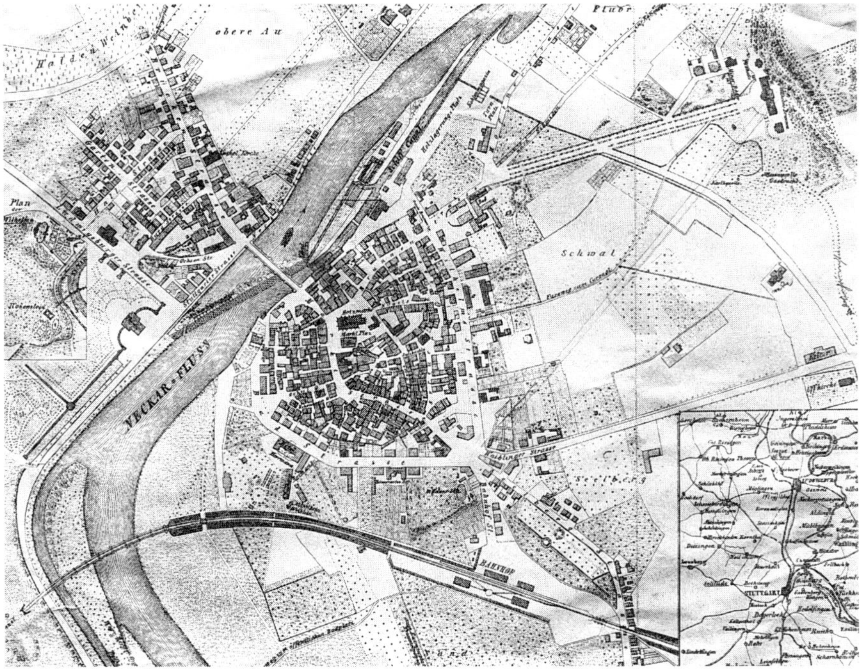

Cannstatt um 1850. Ergiebige Mineralquellen machten die verkehrsgünstig gelegene Stadt im 19. Jahrhundert zu einem Kur- und Badeort

Anschluß an die Eisenbahn

Ein für die weitere Entwicklung bedeutendes Ereignis ist der Bau der Eisenbahn und das Heranführen der Trasse in die unmittelbare Nähe des Schlosses. 1846 entsteht das erste Empfangsgebäude an der Schloßstraße (heute Bolzstraße). Ein Teil der alten Fassade wurde bei der Aufgabe des Bahnhofs in das heutige Gebäude der Palast-Lichtspiele übernommen. Das Hineinrücken der Bahnanlagen in das bereits größtenteils bebaute Geviert zwischen König-, Schloß-, Friedrich- und Kronenstraße hat sehr bald schon Auswirkungen auf die bisher beschaulich vornehme Friedrichsvorstadt. Im Sog des Bahnhofs entstehen anstelle der Wohnhäuser Hotels, Banken und Geschäftshäuser. Späteren Erweiterungen des Bahnhofs sind durch die umschließende Bebauung der Nachbarschaft von vornherein sehr enge Grenzen gesetzt. Durch die Streckenführung entlang der Nordseite des Schloßgartens wird außerdem der Korridor der Anlagen von seiner Umgebung abgeschnitten. Die damals getroffene Entscheidung, die Eisenbahn allen topographischen Hemmnissen zum Trotz in den Kessel zu führen und mit einem Kopfbahnhof enden zu lassen, wird später in Frage gestellt, eine Verlegung jedoch nie realisiert. Allerdings tauchen verkehrsgünstigere Standorte wie das Neckartal oder der Rosensteinpark immer wieder in der Diskussion auf.

Schaffung von Trottoirs

Eine ganz andere, in ihrer Bedeutung damals noch lange nicht abschätzbare Maßnahme ist die Schaffung von "Trottoirs" und die damit verbundene Trennung von Fußgänger- und Fahrverkehr.

Liberalisierung des Wirtschaftslebens

Mit der Auflösung der mittelalterlichen Ständeordnung zu Beginn des 19. Jahrhunderts ist eine wichtige Voraussetzung für wirtschaftliche Veränderungen geschaffen. Bauern können jetzt eigenen Grundbesitz erwerben. Außerdem wird der Zugang zu den Handwerksberufen erleichtert. Die den württembergischen Landes-

Das erste Bahnhofsgebäude wurde unweit des Schlosses in der heutigen Bolzstraße errichtet (Zimmermann, 1867)

Das neue Verkehrsmittel verändert die Stadt: Eisenbahnbrücke über die Kronenstraße (Leins, 1846)

herren dabei zufließenden Ablösesummen werden jedoch nicht in die Landwirtschaft investiert, so daß vielen Kleinbauern das Aufkaufen ihres Bodens erspart bleibt. Die hierzulande praktizierte Realerbteilung, die immer kleinere Parzellen entstehen läßt, führt häufig zu einer Doppelerwerbsstruktur: Bauern betreiben als zusätzlichen Broterwerb ein häusliches Kleingewerbe, eine wichtige Grundlage für die spätere Industrialisierung. Trotzdem kommt es bei Mißernten zu schweren wirtschaftlichen Krisen, denen ein Teil der Bevölkerung durch Auswanderung begegnet. Aus diesem Grund bildet sich in Württemberg auch kein ausgeprägtes Arbeitskräftereservoir aus, während der späteren Industrialisierungsschübe herrscht sogar immer wieder Arbeitskräftemangel.

Die Stadt aus der Vogelperspektive betrachtet. Im Vordergrund die Hänge des Kriegsberges, die Gebäude der Zuckerfabrik und der Reiterkaserne sowie Teile des Schloßgartens (Wagner, 1852)

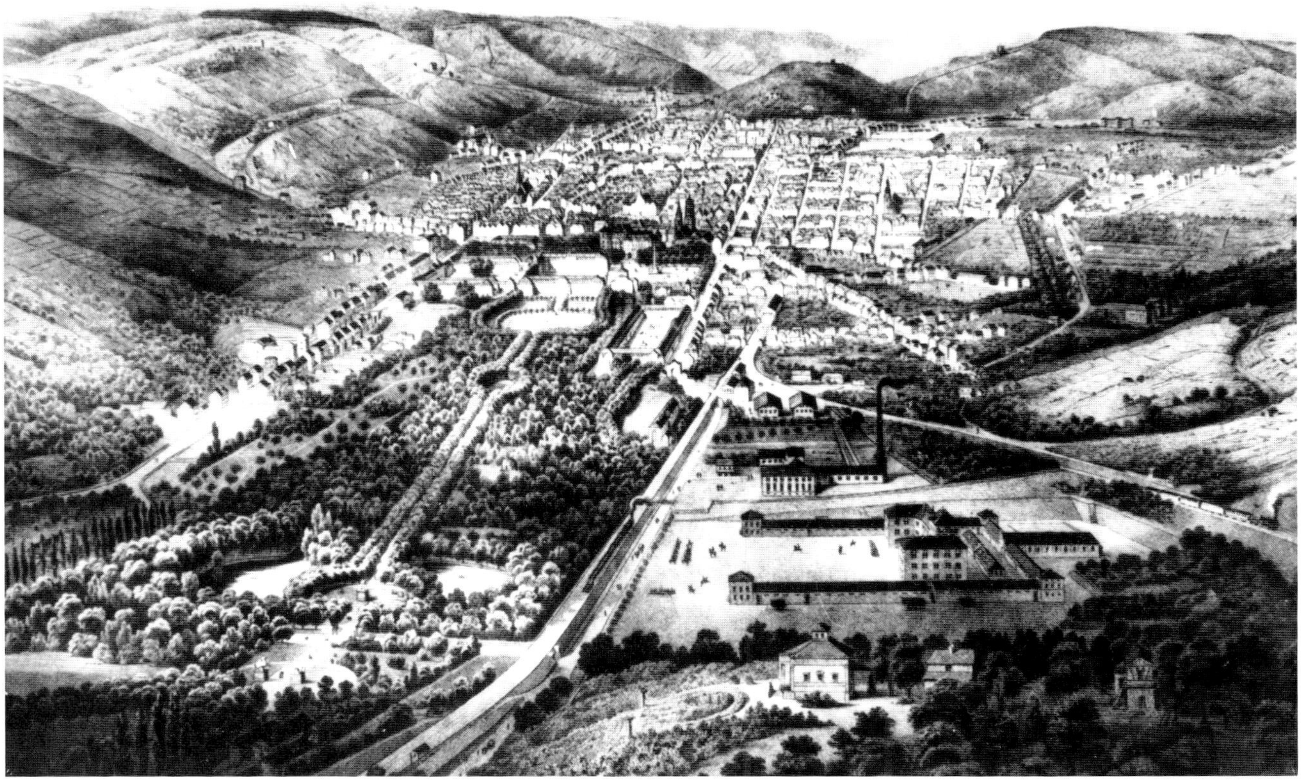

Innerhalb weniger Jahre entwickelte sich die Werkstatt von Robert Bosch zu einem bedeutenden Unternehmen. Der zwischen der Liederhalle (rechts) und dem Hoppenlaufriedhof gelegene Gebäudekomplex lehnt sich gestalterisch an die Wohngebäude der Umgebung an. Am linken Bildrand die ehemalige Villa Messina des Chininfabrikanten Julius von Jobst (1925)

Mechanische, arbeitsteilige Produktion bei Bosch

Industriestandorte

Mit der Verbreitung der Dampfmaschine benötigt die aufkommende Industrie nicht länger die Wasserkraft als Energiequelle. Ihr Standort wird dadurch von Wasserläufen unabhängig, sie ist jedoch auf die Versorgung mit großen Mengen Kohle angewiesen. Dieser Rohstoff kommt jedoch in Württemberg überhaupt nicht vor und muß aus weiter entfernten Gegenden wie dem Saar- oder Ruhrgebiet herantransportiert werden. Dazu ist ein funktionierendes Transportsystem für Massengüter wichtig, ausgebaute Wasserwege und ein dichtes Eisenbahnnetz. Das Transportsystem ist nicht weniger wichtig, um die in großen Stückzahlen hergestellten Produkte einem größeren Markt zuzuführen. Durch diese Faktoren werden die Verkehrslinien zu bevorzugten Industriestandorten.

Staatliche Förderung

In Württemberg beginnt die Industrialisierung erst um 1850 und entwickelt sich zunächst in bescheidenem Tempo, wobei der Raum Stuttgart nur einer von mehreren Schwerpunkten ist. Der Staat fördert den Industrialisierungsprozeß, indem er das Bildungswesen den wirtschaftlichen Erfordernissen anpaßt, einzelne Betriebe direkt unterstützt, die "Centralstelle für Gewerbe und Handel" einrichtet sowie den Bau der Eisenbahn und eine erste Regulierung des Neckars übernimmt. Dennoch setzt der eigentliche industrielle Aufstieg, getragen von mehreren Branchen, erst nach der Jahrhundertwende ein.

Gründung einer Gewerbeschule

Neben den traditionellen Geisteswissenschaften entsteht mit der Gründung der Technischen Hochschulen ein naturwissenschaftlich orientierter Ausbildungsgang. In Stuttgart wird 1829 eine Gewerbeschule gegründet, die 1840 zur Polytechnischen Schule und 1876 zum Polytechnikum erhoben wird und die Keimzelle der heutigen Universität bildet.

Gewerbearchitektur mit hoher gestalterischer Qualität: der von der Stadt betriebene Schlachthof in Wangen (1909)

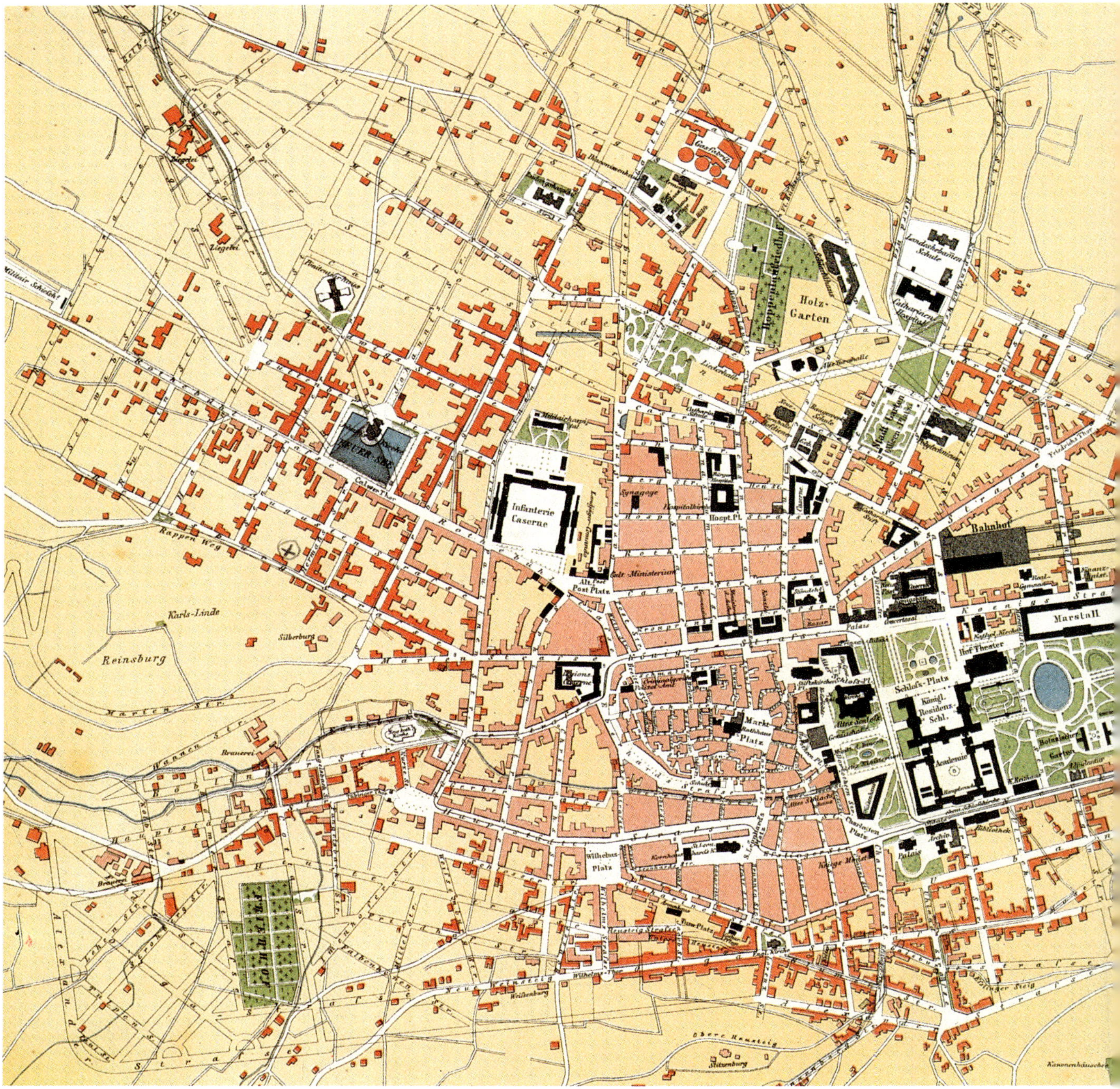
Infanterie Caserne
Bahnhof
Marstall
Holz-Garten
Reinsburg
Karls-Linde
Silberburg
Rappen Weg
Schloss-Platz
Königl. Residenz-Schl.
Hof Theater
Post Platz
Synagoge
Markt Platz
Wilhelms-Platz
Ziegelei
Brauerei
Kanonenhäuschen

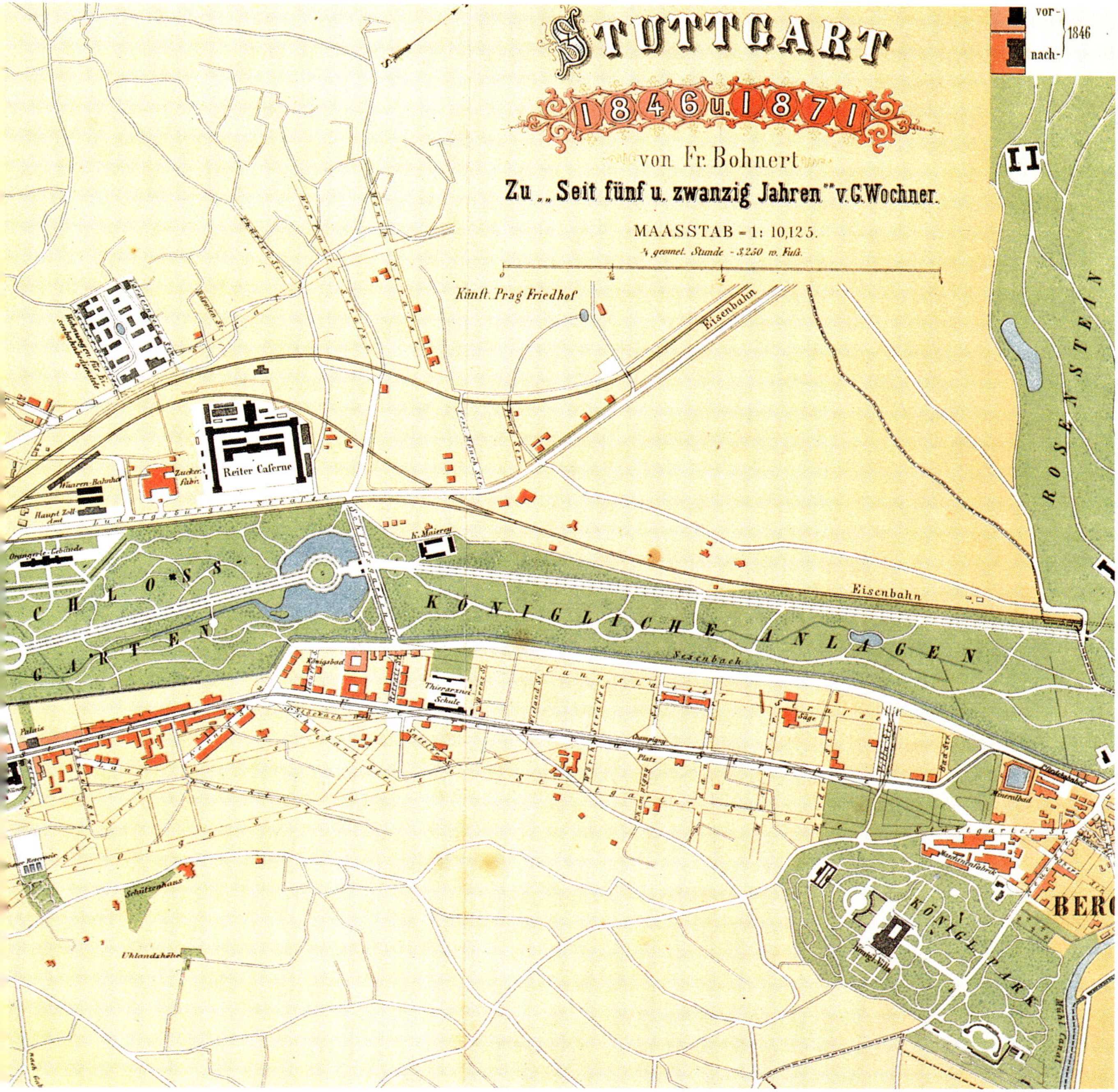
STUTTGART
1846 u. 1871
von Fr. Bohnert
Zu „Seit fünf u. zwanzig Jahren" v. G. Wochner.
MAASSTAB = 1: 10,125.
vor-
nach-
1846
Künft. Prag Friedhof
Eisenbahn
Reiter Caserne
Ludwigsburger Strasse
K. Maierey
SCHLOSS-GARTEN
KÖNIGLICHE ANLAGEN
ROSENSTEIN
Nesenbach
Cannstatter Strasse
Thierarznei Schule
Schützenhaus
Uhlandshöhe
KÖNIGL. PARK
BERG

Mit der Bebauung der Hänge entstehen die für Stuttgart heute typischen Treppen, hier die Sängerstaffel (um 1910)

Die Ausdehnung der Stadt in der zweiten Hälfte des 19. Jahrhunderts

Anwachsen zur Großstadt

Der Zeitraum zwischen 1860 und dem ersten Weltkrieg ist in Stuttgart durch ein lawinenartiges Anwachsen der Einwohnerzahl gekennzeichnet. Innerhalb weniger Jahrzehnte wächst die behäbige Landstadt zur Großstadt heran. Gibt es um 1801 erst 21 000 Stuttgarter Bürger, so sind es 1861 bereits 61 300 und zur Jahrhundertwende 176 700. Der Bevölkerungsentwicklung entsprechend dehnt sich die Stadt in bisher unbekanntem Maß aus. Als neuer Bautyp entsteht bereits zu Beginn des 19. Jahrhunderts das mehrgeschossige Mietshaus.

Ortsbaustatut

Mit dem Ortsbaustatut von 1874 wird ein erster Versuch zur Steuerung der starken privaten Bautätigkeit in den Gründerjahren nach 1871 gemacht. Darin wird festgelegt, daß der Abstand zweier Vordergebäude, der sogenannte Bauwich, mindestens 10 Fuß betragen soll (2,87 m). Außerdem müssen alle privaten Wohnbauten massiv ausgeführt werden, eine schmerzliche Bestimmung für viele Stuttgarter, die sich nur schwer vom billigen Holzfachwerkbau trennen können. Zu diesen feuerpolizeilichen Bestimmungen treten Festlegungen, die Fragen der Gestaltung betreffen. Die Höhe der Gebäude soll von nun an in Abhängigkeit von der Straßenbreite geregelt werden. Wichtige Straßen sind als "Hauptstraßen" ausgewiesen. An ihnen dürfen nur Gebäude errichtet werden, "welche der Bedeutung der Straßen und Plätze entsprechen und eine angemessene architektonische Ausbildung zeigen". Mit der Festlegung einer Mindestlänge der Gebäudefront von zwölf Metern und einer Mindestgeschoßhöhe von fast drei Metern will man erreichen, daß nur entsprechend betuchte Bauherren an diesen Straßen Häuser errichten können. Die Auswirkungen des Baustatuts sind in den Gründerzeitvierteln noch heute ablesbar: An den breiteren Hauptachsen findet man Gebäude mit üppigerem Fassadenschmuck.

Bevorzugte Wohnlage: die Karlshöhe, vom Turm der Markuskirche aus gesehen

Das diagonale Straßensystem erzeugt spitzwinklig zulaufende Baublöcke, hier die Einmündung der Urbanstraße in die Neckarstraße (1907)

Boulevard im Stuttgarter Westen: die Johannesstraße mit der Johanneskirche (um 1900)

Blockrandbebauung

Die Ränder der von der Planung vorgegebenen Baublöcke werden unter optimaler Ausnutzung der Baugrundstücke mit vier- bis fünfgeschossigen Mietshäusern gefüllt. Allen gemeinsam ist eine mehr oder weniger dekorativ gestaltete Straßenfassade, eine seitliche Durchfahrt und die Orientierung der Wohnungen auf den Straßenraum, wobei Belichtung und Besonnung keine Rolle spielen. In den Innenhöfen finden häufig gewerblich genutzte Bauten Platz. Damit schafft man eine Nutzungsmischung, die sich bis heute erhalten hat.

Diagonalstraßen und Sternplätze im Osten

Zunächst wird im Osten das Viertel um die Olgastraße ausgebaut. Trotz des teilweise stark ansteigenden Geländes gelingt es, das begonnene orthogonale Straßensystem fortzuführen. Ab 1860 wird dieses Schema durch die Anlage von Diagonalstraßen ergänzt. Diese schaffen spitzwinkelige Ecksituationen und lassen die für den Osten typischen Sternplätze wie den Kerner- oder den Schützenplatz entstehen. Die direkten Hangquerverbindungen müssen des starken Gefälles wegen als Treppen ausgebildet werden, die – Staffeln genannt - zu einem Markenzeichen Stuttgarts werden sollten.

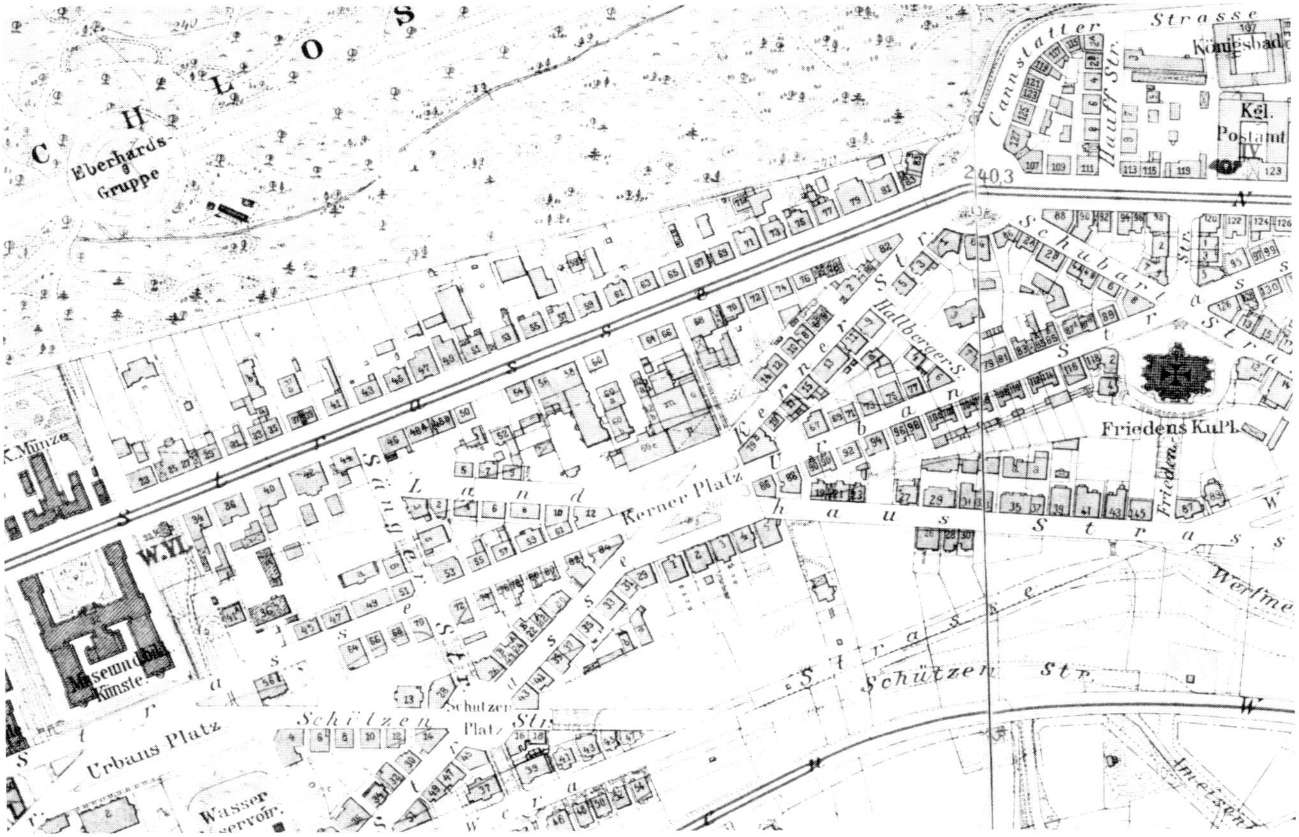

Die östlichen Stadtviertel zwischen dem Schloßgarten und dem Ameisenberg (Stadtplan 1901)

Teilbereich des Westens zwischen der Karlshöhe und der Olga-Heilanstalt, gekennzeichnet durch ein einheitliches Straßenraster mit wenigen Sonderelementen (Stadtplan 1901)

Bebauung des Westens

Für großflächige Stadterweiterungen bildet das weite, leicht ansteigende Becken im Westen weitaus günstigere Voraussetzungen als die steilen Hänge des Ostens. Auf der Basis des 1832 aufgestellten Generalbebauungsplans wird dieses Gebiet quadratweise überbaut. Schnurgerade Straßen und eine gefluchtete, mehrgeschossige Bebauung sind die städtebaulichen Parameter dieses größten Stuttgarter Erweiterungsgebiets im 19. Jahrhundert. Um die gleichförmigen Straßenzüge zu unterbrechen, wird die Johannesstraße mit größerer Breite, aufwendigeren Fassaden und beidseitiger Baumbepflanzung als Hauptachse des Stuttgarter Westens geplant. Ihren talseitigen Abschluß markiert die neugotische Johanneskirche, die, auf einer Halbinsel im rechteckig gefaßten Feuersee gelegen, ein Motiv der Romantik aufgreift. Dieser erste Boulevard im Sinne des 19. Jahrhunderts – weitere werden später mit der Rotenberg- oder der Ostendstraße angelegt – besitzt nur eine geringe Bedeutung als Verkehrslinie und entwickelt sich bis heute nicht zu einem zentralen Ort.

Karlsvorstadt

Im Süden füllt die Bebauung das Nesenbachtal und umschließt den Weiler Heslach, der ab 1889 vorübergehend die noblere Bezeichnung Karlsvorstadt erhält. Auch hier zeigt der Stadtgrundriß ein dem Westen ähnliches Straßenraster, dessen Geometrie freilich mehrfach durchbrochen wird und damit eine Abkehr vom bisher gepflegten Schema andeutet. Eine weitere Parallele findet man in der Matthäuskirche, die den achsialen Straßenzug der Möhringer Straße beherrscht.

Gründerzeitliche Wohnbebauung am Bismarckplatz. Bis nach 1900 prägt der gesetzlich vorgeschriebene Mindestabstand zwischen zwei Gebäuden, der sogenannte Stuttgarter Bauwich, die neu entstehenden Baugebiete (1905)

Villenbau

Für das aufkommende industrielle Großbürgertum bieten sich die noch landwirtschaftlich genutzten Hänge des Talkessels als bevorzugte Standorte für Villen und Landhäuser an. Die ersten Beispiele dieses Bautyps sind – umgeben von Mietshäusern – noch in das Stadtgefüge integriert, wie es die Villa Bohnenberger in der Olgastraße zeigt. Als Vorreiter der Besiedelung tauchen derartige Anlagen danach verstärkt an Süd- oder Westhängen auf. Doch währt ihre Abgeschiedenheit meist nur wenige Jahre, bis sie von der wachsenden Stadt eingeholt werden. Abgesehen von Teilen der Karlshöhe oder den Höhenzügen im Osten der Stadt, entstehen in Stuttgart keine ausgeprägten Villenquartiere. Von den großen Gebäuden mit ihren teilweise weitläufigen Parkanlagen haben sich nur wenige Einzelstücke erhalten, die zumeist einer zweiten Generation aus der Zeit nach der Jahrhundertwende angehören. Eine gute Vorstellung für die großbürgerliche Wohn- und Gartenkultur vor dem ersten Weltkrieg geben heute noch die Villen Hauff und Bosch auf der Gänsheide, Gemmingen am Fuß der Karlshöhe sowie der Park der nicht mehr vorhandenen Villa Weißenburg.

Neue Industriezweige

Diese Gebäude sind Zeugen einer industriellen Entwicklung, bei der die vorhandenen Handwerksbetriebe (z.B. in der Textil- oder Papierherstellung) nach und nach durch die mechanische Massenfertigung ersetzt werden. Daneben bilden sich neue Industriezweige, wie die chemische- und die Lebensmittelindustrie heraus. Die württembergischen Staatseisenbahnen, die bereits 1850 auf den Stammlinien Stuttgart-Heilbronn und Stuttgart-Friedrichshafen verkehren, sind bald der größte Betrieb des Landes und stimulieren andere Wirtschaftszweige, insbesondere den Maschinenbau. Um die Jahrhundertwende kommen weitere Industrien hinzu: die Energieversorgung, die elektrotechnische Industrie und die Kraftfahrzeugherstellung.

Betriebsverlagerungen

Mit der industriellen Produktionsweise entstehen Fabrikanlagen, deren Standorte vom Flächenbedarf und den Verkehrsanschlüssen bestimmt werden. Bereits in den 60er Jahren des 19. Jahrhunderts beginnt die Industrie, aus Platzgründen den Stuttgarter Talkessel zu verlassen. Die Wanderung erfolgt entlang des Neckars und der Eisenbahnlinien ins nördliche und östliche Umland, zunächst an den Nordbahnhof und nach Münster, dann weiter nach Feuerbach, Zuffenhausen, Kornwestheim, Cannstatt und Untertürkheim.

Eingemeindungen

Der sich ausdehnenden Stadt und der wachsenden Verflechtung mit dem Umland folgt die Ausweitung der Markungsfläche. Umliegende Dörfer und Kleinstädte mit großen Flächenreserven werden eingemeindet. Als erste kommen Gaisburg (1901), Untertürkheim, Wangen und das selbstbewußte Cannstatt (1905) sowie Degerloch (1908) zum Stadtgebiet. Dieser Prozeß setzt sich in den 20er und 30er Jahren fort und kommt erst im zweiten Weltkrieg zu einem vorläufigen Abschluß.

Entmischungstendenzen

Mit der Ausdehnung der Stadt wächst die Spezialisierung bestimmter Gebiete auf bestimmte Aufgaben. Diese Entwicklung macht die inneren Stadtbezirke mehr und mehr zu einem zentralen Standort für Kultur, Handel und Ausbildung. Einen neuen Schwerpunkt bildet dabei der westlich des Bahnhofs gelegene Alleenplatz (heute

Umgeben von Wäldern und Gärten: Heslach mit dem Marienhospital, der Matthäuskirche und dem Hasenberg (1892)

Vegetationsplatz des 19. Jahrhunderts: der Schloßplatz (Zimmermann, 1863)

Das Gebäude des Polytechnikums am Stadtgarten, die Keimzelle der Universität (um 1900)

Das Stadtzentrum zu Beginn des 20. Jahrhunderts (Stadtplan 1901)

Das erste Ausstellungsgelände in der Stadt: die Gewerbehalle in der Nähe des Stadtgartens (1881)

Hotel Marquardt (links) und Olgabau (rechts) flankieren die Königstraße am Schloßplatz (um 1925)

Stadtgarten). In dessen Umkreis entstehen die Gebäude der Technischen Hochschule, der Baugewerkeschule (heute Fachhochschule für Technik) sowie Ausstellungs- und Messebauten, wie die nicht mehr vorhandene Gewerbehalle und das Landesgewerbemuseum (heute Haus der Wirtschaft). An der von der Aristokratie geprägten Neckarstraße erhält die Staatsbibliothek ein neues Gebäude (heute Landesbibliothek). Ein anschließender Baublock zwischen Urban- und Olgastraße bleibt der Justiz vorbehalten.

Ausbildung eines Zentrums

Im Umkreis des Bahnhofs entstehen mehrere Hotels, unter denen das Hotel Marquardt am Schloßplatz als beste Herberge der Stadt gilt. Mit dem Bau der Hauptpost wird im Vorfeld des Bahnhofsgebäudes eine bescheidene, platzartige Aufweitung des Straßenraumes geschaffen. Unweit davon findet man ein weiteres Indiz für die Entwicklung Stuttgarts zur Großstadt, der populäre, der Kleinkunst und dem Amüsement Raum bietende Friedrichsbau. Alle diese Gebäude erhalten aufwendige, dem Historismus verhaftete Fassaden die dazu beitragen, daß die Stadt an dieser wichtigen Stelle ein großstädtisches Gesicht erhält.

Pferdebahn in der Neckarstraße am Charlottenplatz (um 1880)

Grünanlagen

Die starke Zunahme bebauter Flächen verstärkt bei der Bevölkerung den Wunsch, mit Alleen, Gärten und Parkanlagen ein Stück Natur in die Stadt zurückzuholen. Für viele ist die freie Landschaft inzwischen nicht mehr zu Fuß erreichbar, so daß der Feuersee oder der Alleenplatz – beide sind ihrer Entstehung nach freigehaltene Baublöcke – zu gerne besuchten Erholungsräumen werden. In die Reihe der vegetationsbestimmten Plätze gehört auch der Schloßplatz, der in den 60er Jahren des 19. Jahrhunderts seine endgültige Form erhält und heute ein großzügiger, urbaner Mittelpunkt der Stadt ist. Die aus der Stadt führenden Straßen enden nicht mehr an Toren. Sie gehen ohne räumliche Begrenzung in die noch unbebaute Landschaft über und verdeutlichen damit das auf Wachstum ausgelegte Konzept.

Öffentlicher Nahverkehr

Dieses enorme Wachstum und die beginnende Trennung von Arbeiten und Wohnen erfordern ein schnelles, öffentliches Nahverkehrsmittel. 1868 gründet ein Privatunternehmer die Stuttgarter Pferdeeisenbahngesellschaft, eine der ersten Pferdebahnen in Deutschland. 1884 entsteht Konkurrenz durch die neue Stuttgarter Straßenbahngesellschaft. Zwischen diesen Gesellschaften entwickelt sich ein harter Wettbewerb, teilweise verkehren beide auf derselben Strecke, jedoch mit unterschiedlicher Spurweite. Fünf Jahre später schließen sich beide zur Stuttgarter Straßenbahn AG zusammen, bleiben jedoch in privater Hand, bis die Stadt 1916 die Mehrheit der Aktien übernimmt.

Anbindung der Nachbarorte

Die ersten Pferdebahnen verkehren zwischen der Kernstadt und Cannstatt, dem Pragfriedhof, Heslach und dem Westen. Seit 1884 verbindet die Zahnradbahn den Marienplatz mit Degerloch. Zwischen 1888 und 1902 werden die Filderorte Deger-

Noch werden die Verkehrsbedürfnisse der Großstadt mit Straßenbahnen und Pferdedroschken bewältigt. Das Bild zeigt die Schloßstraße vor dem Hauptbahnhof, das Gebäude der Hauptpost und am rechten Rand den Friedrichsbau (um 1910)

loch, Möhringen, Hohenheim sowie Neuhausen und Vaihingen durch die Straßen- bzw. Filderbahn an das Stuttgarter Verkehrsnetz angeschlossen. Diese Orte werden dadurch schnell zu begehrten Wohngemeinden. Um 1900 pendelt bereits die Mehrzahl der Degerlocher zu ihren Arbeitsplätzen nach Stuttgart. Ab 1909 bekommen die nördlichen und östlichen Nachbargemeinden Feuerbach, Zuffenhausen, Wangen, Untertürkheim und Hedelfingen den Straßenbahnanschluß – häufig als Gegenleistung für die Eingliederung nach Stuttgart. 1914 beträgt die Gesamtstrecke fast 70 km.

Tunnelbauten

Bereits 1896 wird die Pferdebahn, die mit den Steigungen besonders zu kämpfen hatte, durch eine elektrische Straßenbahn ersetzt. Im selben Jahr ermöglicht der Schwabtunnel, das seinerzeit breiteste Bauwerk dieser Art, eine direkte Verbindung zwischen dem Westen und Heslach. Dennoch hat das Verkehrsaufkommen noch nicht solche Ausmaße erreicht, daß eine Verbreiterung der engen Altstadtgassen wie in anderen europäischen Städten in Erwägung gezogen wird.

Eine Direktverbindung zwischen Heslach und dem Westen ermöglichte der 1896 eingeweihte Schwabtunnel

Typenhäuser der Kolonie Ostheim. Die Eckgebäude (hier links) wurden aus stadtgestalterischen Gründen um ein Geschoß höher geplant als die übrigen Gebäude

Arbeitersiedlung mit hoher Wohnqualität: die Kolonie Ostheim, errichtet vom Verein für das Wohl der arbeitenden Klassen (1896)

Arbeitersiedlungen vor dem Ersten Weltkrieg

Entstehung einer Arbeiterschaft

Mit der Industrialisierung entsteht die neue Klasse der lohnabhängigen Arbeiter, deren tägliche Arbeitszeit bis zu 15 Stunden beträgt. Ihre Zahl wächst rasch, doch selten genug sorgt der Arbeitgeber für eine angemessene Unterbringung und Versorgung. Mit billigen, kleinen und schlecht ausgestatteten Wohnungen werden zahlreiche Altbaugebiete zu Wohnvierteln der armen Leute.

Postdörfle

Ab den 50er Jahren des 19. Jahrhunderts entstehen im Ruhrgebiet Werkssiedlungen für Industriearbeiter. In Stuttgart wird die erste Arbeitersiedlung vom württembergischen Staat für Bedienstete von Post und Bahn errichtet, das sogenannte Postdörfle. Es wird zwischen 1868 und 1872 an der Bahnhofstraße (heute Heilbronner Straße) ohne Bezug zur bisherigen Bebauung als geschlossene Hangsiedlung erbaut. Die in einer Doppelreihe quer zum Hang gestellten Gebäudezeilen mit einem Wasserbassin in der Mitte umfassen zwei heute noch erhaltene Gemeinschaftshäuser mit Wasch-, Bade- und Speiseanstalt. Die Freiflächen innerhalb der Siedlung sind parzelliert und können als Kleingärten genutzt werden.

Das Postdörfle, die erste Sozialsiedlung in Stuttgart, wurde vom württembergischen Staat errichtet

Unter dem Einfluß der Gartenstädte entstanden: die Siedlung Falterau bei Degerloch

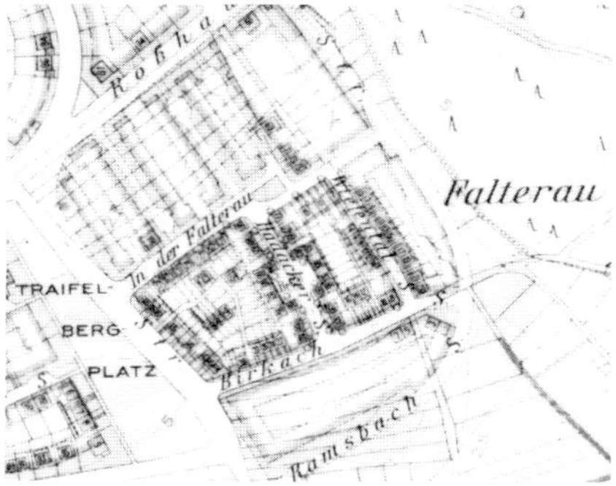

Die Falterau, eine dörfliche Siedlung mit einem kleinen, zentralen Platz als Ausdruck der Zusammengehörigkeit (Stadtplan 1930)

Von Daimler-Arbeitern 1913 gegründet: die Gartenstadt Luginsland (1935)

Bauvereine und Genossenschaften

Mit der rasanten Bevölkerungszunahme hält der Bau von Wohnungen nicht Schritt. Wohnungsmangel, steigende Mieten und Spekulation mit Grund und Boden sind die Folge. Stuttgart gilt schon damals als eine der teuersten Städte im Deutschen Reich. Um weitere preiswerte Siedlungsflächen zu erhalten, werden 1889 die Dörfer Heslach, Berg und Gablenberg eingemeindet. Durch private Initiativen entstehen Vereine mit dem Ziel, die Lebensverhältnisse der Arbeiter zu verbessern. Dabei macht sich der "Verein für das Wohl der arbeitenden Klassen", der 1866 von Eduard Pfeiffer gegründet wird, auf besondere Weise verdient.

Kolonie Ostheim

Dessen vielfältige Aktivitäten ermöglichen 1891 die Errichtung einer Wohnkolonie für Arbeiter in Ostheim. Die auf freiem Feld entstehende Kolonie bildet in ihrer geometrischen Ordnung und Einheitlichkeit eine bürgerliche Siedlung im kleinen. Die zweigeschossigen Gebäude erhalten im Innenbereich der Siedlung Vorgärten. Darüber hinaus sind die Innenhöfe der Baublöcke als Nutzgärten vorgesehen. Eckgebäude werden durch eine Erhöhung um ein Geschoß betont. Unterschiedliche Fassaden sollen vermeiden, daß die aus Typenhäusern bestehende Siedlung monoton wirkt. Um die Kosten niedrig zu halten, wird ein zentrumfernes, wenig begehrtes Gelände gewählt und auf eine Schaufassade verzichtet. Ein Ratenkaufsystem ermöglicht den Bewohnern, ihre Wohnungen zu erwerben. Der Verein behält jedoch bei einem Weiterverkauf das Rückkaufrecht und kann dadurch Spekulationen mit den schnell begehrt gewordenen Objekten vermeiden. Nach Ostheim errichtet der Verein noch die Kolonien Westheim am Rande von Botnang und Südheim in Heslach sowie die Siedlung Ostenau.

Ausbau des Ostens

In den folgenden Jahrzehnten wächst Ostheim zu einem eigenen Stadtteil, die Ansätze der Kolonie werden allerdings nicht weitergeführt. Nicht zuletzt durch die gestiegenen Bodenpreise bedingt entsteht eine wesentlich dichtere Blockrandbebauung. Die zentralen Stellen werden, wie bereits im Westen und der Karlsvorstadt, mit monumentalen Kirchenbauten wie der Lukaskirche besetzt.

Arbeiterblocks

Die nach der Jahrhundertwende entstehenden Arbeiterquartiere weisen eine noch stärkere Tendenz zu geschlossenen Anlagen auf. Gemeinschaftlich genutzte Innenhöfe sowie eigene Geschäfte und Kneipen fördern die Zusammengehörigkeit, aber auch die Abgrenzung gegenüber der anders strukturierten Umgebung. Man ist als Arbeiter selbstbewußter geworden. Die Wohnkolonie Ostenau, auf einer dreieckigen Grundfläche mit dem reizvollen Luisenplatz in der Mitte errichtet, ist dafür ein gutes Beispiel. Ebenso ein wegen seiner vorwiegend katholischen Mieterschaft "Vatikan" genannter Block in Bad Cannstatt.

Gartenstädte

Kurz vor dem Ersten Weltkrieg entsteht mit der Gartenstadt Luginsland, in Selbsthilfe von genossenschaftlich organisierten Daimler-Arbeitern errichtet, eine Alternative zum mehrgeschossigen Wohnungsbau: Das von einer Familie bewohnte, minimierte Haus mit Garten, das auch als Doppel- oder Reihenhaus ausgebildet werden kann und einen naturfreundlichen, dörflichen Siedlungscharakter anstrebt. In Luginsland, wie in der zeitgleich errichteten Siedlung Falterau bei Degerloch, betont ein zentraler Platz den Gemeinschaftsgedanken.

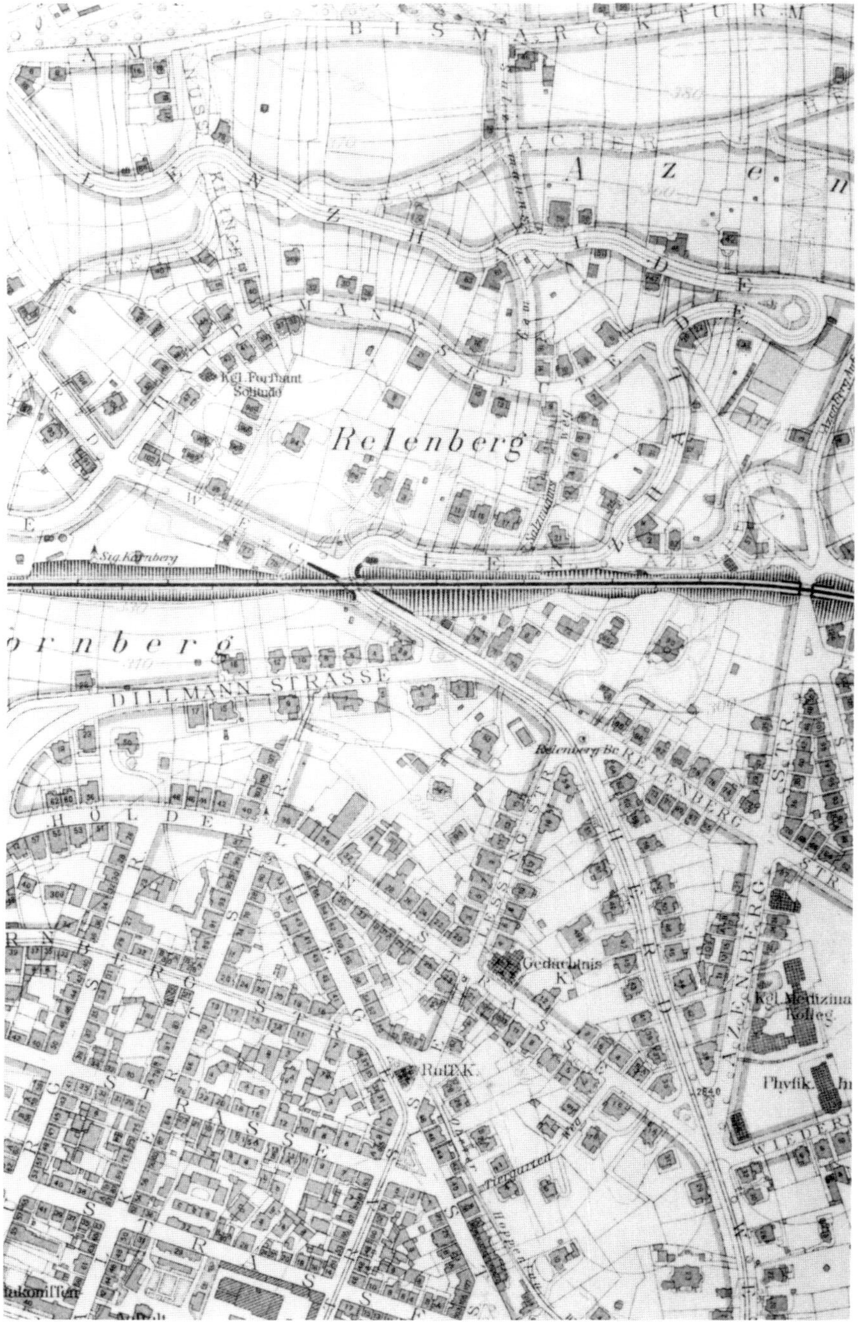

Windungsreiche Straßen und eine weitläufigere Bebauung kennzeichnen die Hanglagen der westlichen Stadtviertel (Stadtplan 1901)

Städtebau um die Jahrhundertwende

Gartenstadtidee

Durch die ständige Ausweitung der bebauten Flächen wird die Landwirtschaft aus der Stadt verdrängt. Es verschwinden die ehemals zahlreichen Stuttgarter Weinbauern und damit der kleine Weinausschank an der Ecke. Als Reaktion auf die dicht bebaute, industrialisierte, unüberschaubar gewordene Großstadt entsteht das Ideal der Gartenstadt, einer kleinen, autarken Siedlung von Handwerkern und Bauern, die die romantische Idee einer idealen vorindustriellen Gesellschaft spiegelt. Auch wenn die damit geforderte Auflösung der Großstadt kaum Chancen auf Verwirklichung hat, so bleiben diese Ideen nicht ohne Einfluß auf die weitere Bebauung. Auf der Württembergischen Bauausstellung, die 1908 bei der Gewerbehalle im heutigen Stadtgarten veranstaltet wird, dominieren bereits bescheidene aber zweckmäßige Einfamilienhäuser. Sie zeigen nicht nur neue technische Lösungen im Bauwesen auf, sondern postulieren auch die soziale Verantwortung der Architektur.

Hangbebauung

Als in den 90er Jahren die schnurgeraden Mietshausketten im Norden, Osten und Westen bereits in die Hangbereiche vorgedrungen sind, wächst auch die Kritik an diesen "Reißbrettplanungen". Insbesondere die mit der Rückseite zum Tal gerichteten Häuser um den Eugensplatz und der gerade durch bewegtes Terrain geführte Kanonenweg (heute Haußmannstraße) fordern zum Umdenken heraus. Nach langer Diskussion kristallisiert sich ein neues System für die Stadterweiterung im Bereich der Hänge heraus: Die Straßenführung wird von jetzt an mit großer Sorgfalt in die Topographie eingepaßt. Dadurch entstehen windungsreiche Straßen, die geschlossene Räume mit malerischen Perspektiven ergeben, wie sie bisher von den "gewachsenen" Stadtbildern des Mittelalters bekannt sind. Die neuen städtebaulichen Ideale lassen sich an den unterschiedlichsten Situationen ablesen. Ein Beispiel für eine dichte, mehrgeschossige Bebauung unter Verzicht auf den inzwischen überflüssigen Bauwich ist die Gegend um den Hölderlinplatz. Als ein ähnli-

Villenkolonie am Rande von Degerloch (1908)

ches Beispiel kann die Schlößlestraße in Gablenberg gelten, während die weitläufigere Landhausbebauung stärker den Bereich der oberen Hänge prägt oder am Rande von Degerloch zu finden ist.

Ortsbaustatut 1897

1897 legt ein neues Ortsbaustatut die Einteilung der Stadt in drei Zonen fest. Neu ist dabei die dritte Zone, die sich auf die Kesselhänge bezieht. Hier sollen nur noch freistehende Häuser mit großen Abständen zueinander gebaut werden. Einige Straßen wie die Gerok- oder die Eduard-Pfeiffer-Straße dürfen als "Panoramastraßen" nur bergseitig bebaut werden. Dieser Festlegung verdankt die Stadt heute ihre zahlreichen Aussichtsstraßen. Die neuen Wohnviertel nehmen die Vor- und Rücksprünge der Kesselhänge auf und schenken den freien Flächen wesentlich mehr Bedeutung als bisher.

Industriestadt oder Luftkurort?

In dieser Phase der Umorientierung kommt es zu grundsätzlichen Diskussionen über die weitere Stadtentwicklung. Ziel ist für manche eine industrielose Luxusstadt mit weitläufigen Villenkolonien, die vom Fremdenverkehr lebt, eine Idee, die nach den Zerstörungen des 2. Weltkriegs noch einmal auftauchen sollte. Die andere Seite wünscht eine dicht bebaute, stark industrialisierte und damit wirtschaftlich unabhängige Stadt. Der Streit darüber wird insbesondere unter dem Aspekt gesunder Wohnverhältnisse sehr heftig geführt, zumal die Entwicklung Stuttgarts zum Industriezentrum Württembergs bereits fortgeschritten ist.

Grundsätze für die Stadterweiterung

Die gewandelte Wertordnung findet auch in den 1901 von Theodor Fischer ausgearbeiteten Grundsätzen für die Stadterweiterung ihren Niederschlag. Eine Klassifizierung in Geschäfts-, Industrie- und Landhausviertel und damit eine grobe Festlegung der Bebauungsdichte ist jetzt im voraus vorzunehmen. Bei Einzelhausbebauung legt die Gebäudehöhe den Mindestabstand zur Grundstücksgrenze fest. Der noch unbebaute Teil der Kesselhänge darf nur noch aufgelockert bebaut werden, an einigen Stellen werden Bauverbote aus Gründen des technischen Aufwandes sowie des Landschaftsschutzes erlassen. Diese Festlegungen sollen ein weiteres breiartiges Ausgreifen der naturfeindlichen Mietskasernenstadt verhindern. Damit verfestigt sich freilich auch eine hierarchische Schichtung der Wohnbevölkerung, bei der die Hänge schon aufgrund der besonderen Auflagen einer besser betuchten Klientel vorbehalten bleiben.

Altstadtsanierung am Geißplatz

Eine ganz andere Aufgabenstellung bringt die Verbesserung der ungesunden Wohnverhältnisse in der Altstadt mit sich. Zwischen 1906 und 1910 wird die erste Altstadtsanierung durch den Verein für das Wohl der arbeitenden Klassen durchgeführt. Hinter dem Rathaus bricht man eines der engsten und brüchigsten Quartiere ab. Mit der Neubebauung bleibt der bisherige Straßenverlauf im wesentlichen erhalten, wobei die Straßenbreite auf ein damals sinnvolles Maß vergrößert wird. Die Neubauten orientieren sich mit Erkern und Giebeln an Vorbildern aus dem Mittelalter, was dem an sich gelungenen Viertel den Vorwurf der "Meistersingerei" einträgt. Von den Luftangriffen und späteren Eingriffen weitgehend verschont, können die Ergebnisse dieser Sanierung um den Hans-im-Glück-Brunnen heute noch besichtigt werden.

Umbau der Altstadt

Seit dem Beginn der Gründerjahre wandelt sich die Funktion der Altstadt von einer kleinteilig strukturierten Wohnstadt zum Zentrum einer Großstadt mit den dazu notwendigen Einrichtungen. Ganze Baublöcke werden abgeräumt, um neuen Großbauten wie dem Rathaus, dem Kaufhaus Breuninger oder dem Warenhaus Tietz an der Königstraße Platz zu machen. War die Altstadt schon immer der Standort für Verwaltung und Handel, so sprengen die nun entstehenden Bauvolumina den bisherigen Maßstab, auch wenn verspielt dekorierte Fassaden diese Tatsache noch verschleiern.

Kulturbauten

In der Kunst- und Kulturszene erlebt die Stadt in den Jahren nach 1900 eine Blütezeit. Begünstigt durch einen kunstsinnigen Hof werden neue Einrichtungen geschaffen und bestehende ausgebaut. 1909 beginnt man den Bau eines Doppeltheaters (Oper und Schauspiel) in den oberen Anlagen, nachdem das bisherige Theater im ehemaligen Lusthaus abgebrannt ist. Im selben Jahr erhält die Stadt ein eigenes Schauspielhaus in der Kleinen Königstraße. Zwischen 1911 und 1913 entstehen am Weißenhof neue Unterrichts- und Atelierräume für die Kunstgewerbeschule. 1913 kann Theodor Fischers Kunstgebäude am Schloßplatz eingeweiht werden.

Verlegung des Bahnhofs

1908 fällt eine für die weitere Entwicklung des Zentrums wichtige Entscheidung: Der zu klein gewordene Bahnhof wird verlegt, jedoch nicht nach Cannstatt, wie es ursprünglich geplant war. Dadurch erhält die Stadt ein wertvolles, innerstädtisches Gelände, das expandierenden Geschäften und Verwaltungen als Erweiterungsfläche zur Verfügung gestellt wird. Nach Entwürfen von Paul Bonatz wird mit dem Bau des neuen Bahnhofs kurz vor Kriegsausbruch begonnen.

Erste Sanierungsmaßnahmen in der Altstadt, durchgeführt vom Verein für das Wohl der arbeitenden Klassen: das Viertel um den Geißplatz

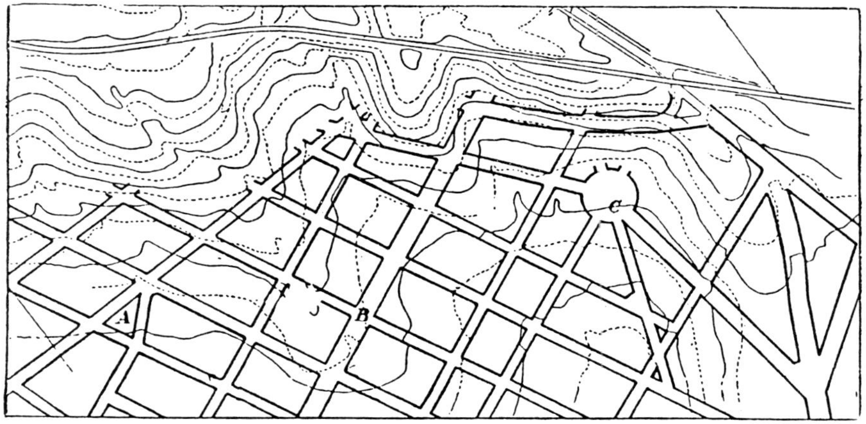

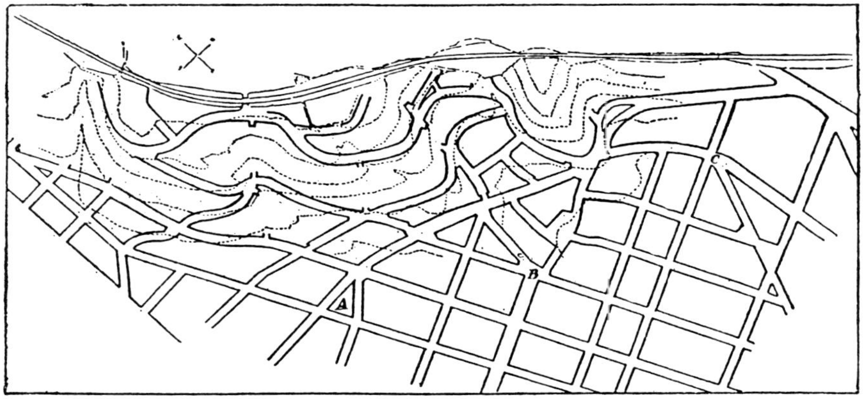

Bebauungsplan des Westens (um 1865, oben), von Theodor Fischer 1902 an die topographischen Verhältnisse angepaßt (unten)

Belebung der Kunstszene: das von Theodor Fischer 1913 errichtete Kunstgebäude am Schloßplatz

Versammlungsstätte für die Bürgerschaft: das Gustav-Siegle-Haus an der Leonhardskirche

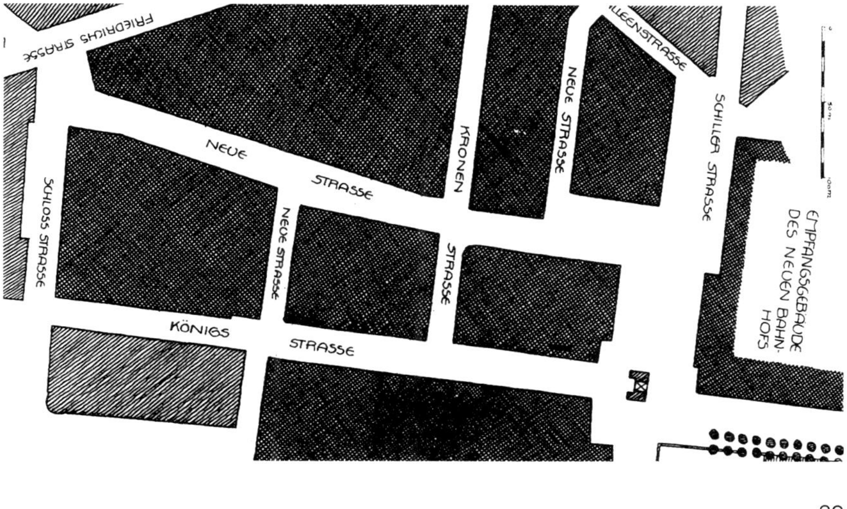

Nicht realisierter Vorschlag von Theodor Fischer zur Bebauung des freiwerdenden Bahngeländes 1907. Rechts die geplanten Baublöcke, oben eine Perspektive der neu geschaffenen, parallel zur Königstraße verlaufenden Verbindung

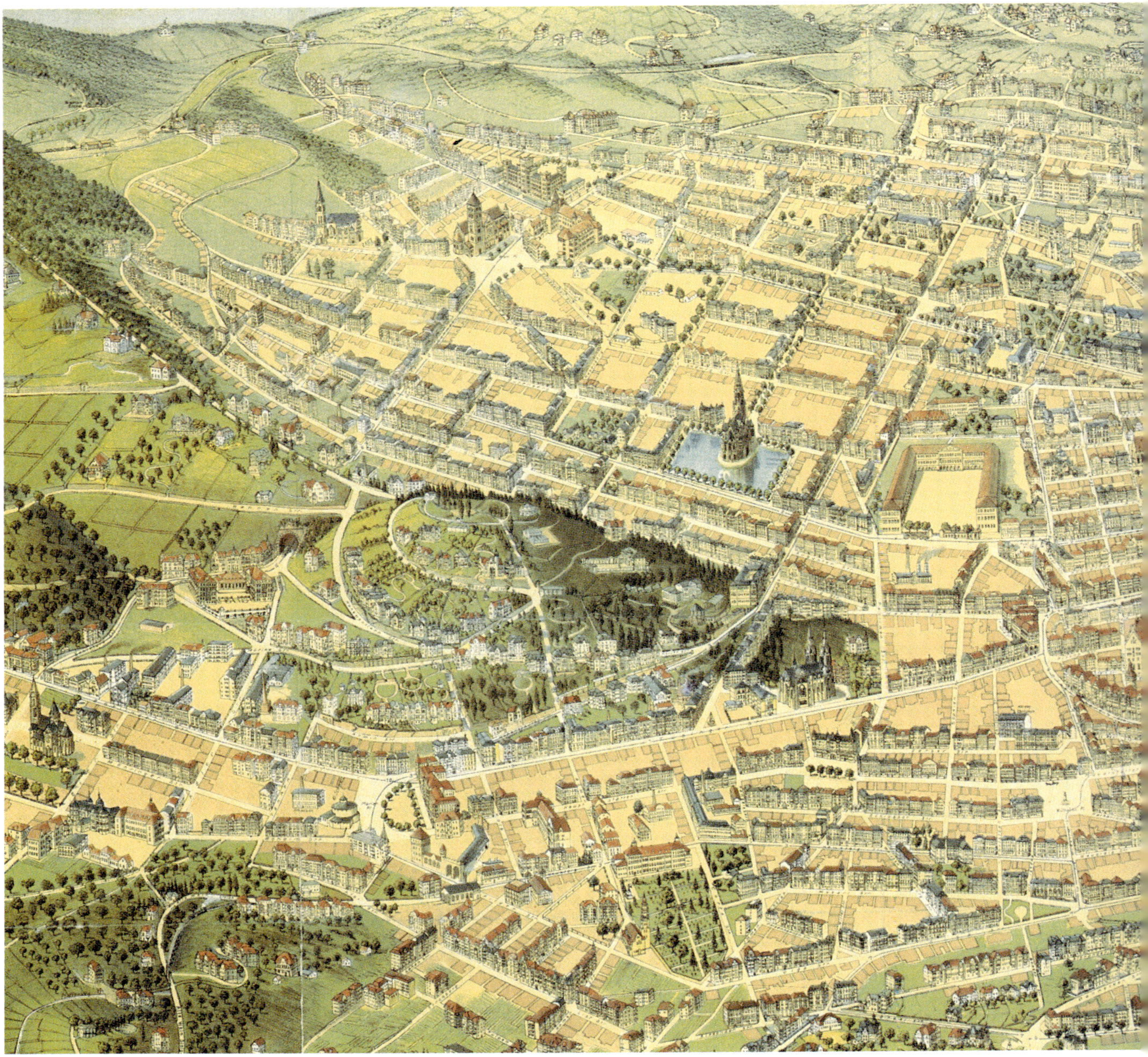

Stadtansicht aus der Vogelperspektive
(Hagmann, 1912)

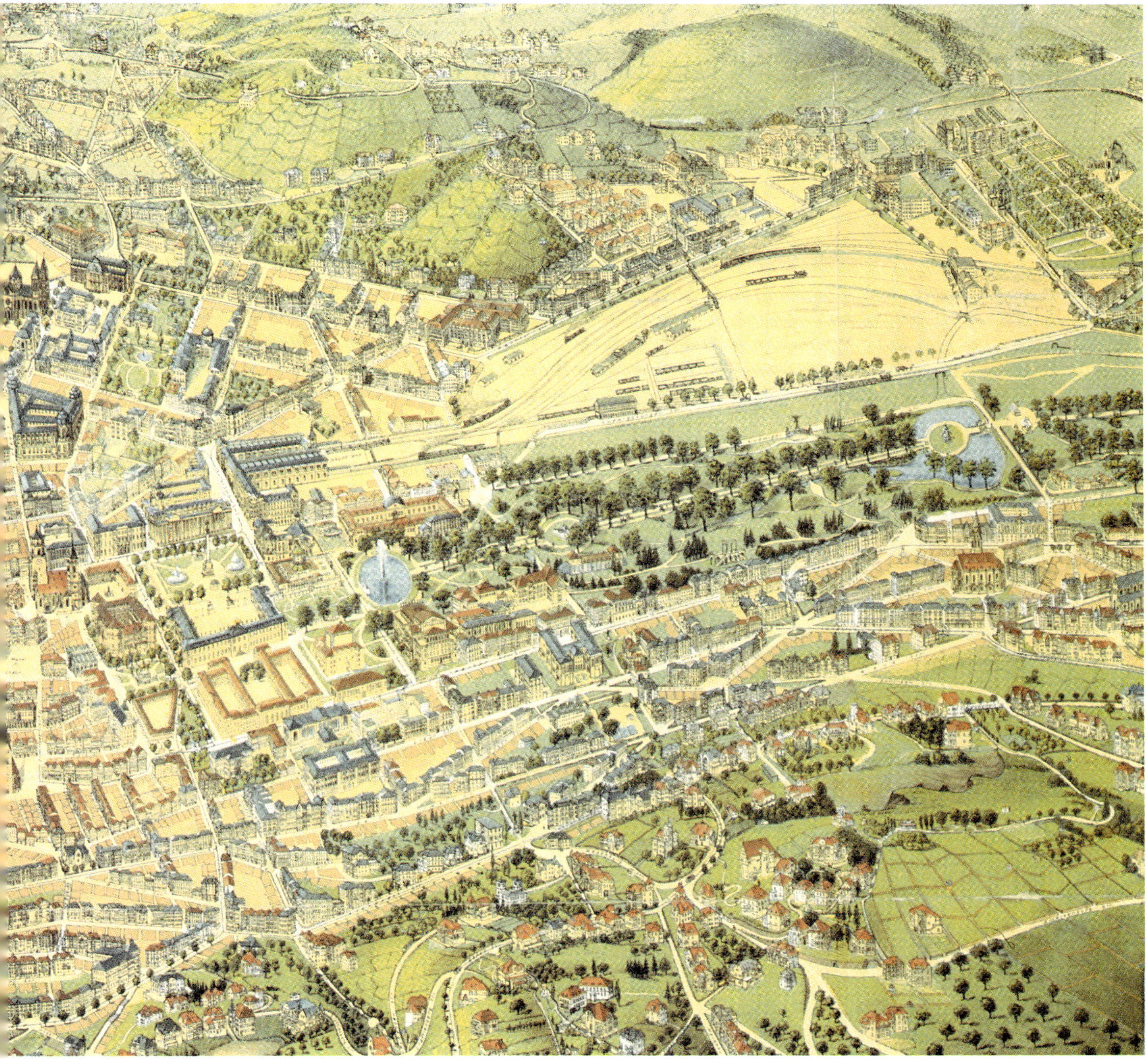

Zwischen den beiden Weltkriegen werden in den östlichen Stadtvierteln schwerpunktmäßig Sozialsiedlungen errichtet. Innerhalb weniger Jahrzehnte wachsen die ehemaligen Dörfer Gablenberg und Gaisburg mit der Kolonie Ostheim zusammen (Stadtplan 1930)

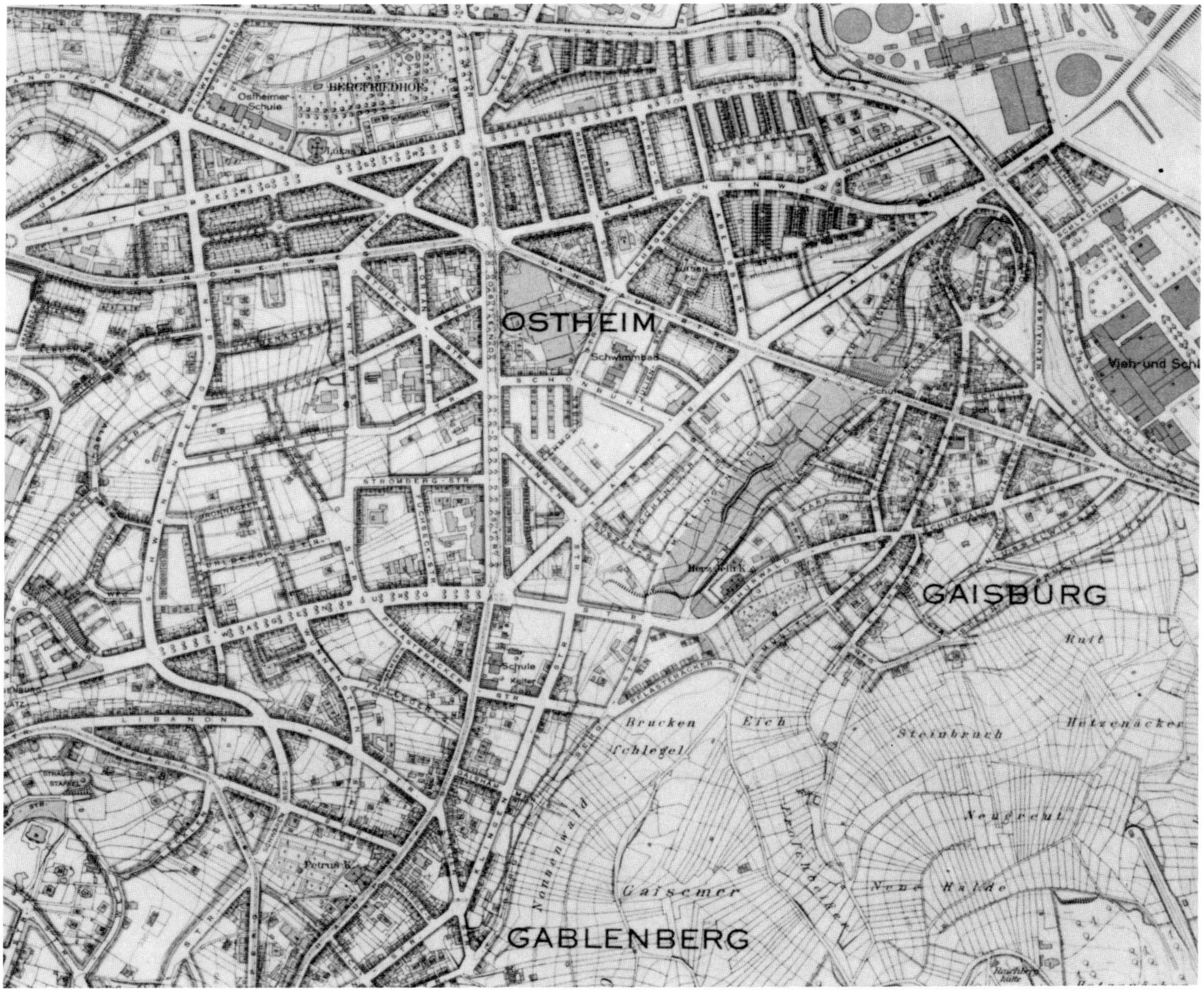

Wohnungsbau in den 20er Jahren

Wohnungsnot

Die durch den Krieg verursachte Wohnungsnot stellt die demokratisch umstrukturierte Regierung vor eine schwierige Aufgabe, zumal das Geld zu groß angelegten Wohnungsbauprogrammen angesichts einer allgemeinen wirtschaftlichen Schwäche und hoher Belastungen aus den Reparationsleistungen fehlt. Als Sofortmaßnahme wird eine Bewirtschaftung des vorhandenen Wohnraums eingeführt. Zusätzlich errichtet man am Stöckach und in der Hackstraße Barackensiedlungen. Um eine als fehlerhaft erkannte, rein wirtschaftlichen Maximen gehorchende und damit viel zu dichte Bebauung zu verhindern, werden weitere Bebauungsrichtlinien ausgearbeitet und auf eine verbindliche Rechtsgrundlage gestellt. 1919 tritt eine neue Ortsbausatzung in Kraft, die der städtischen Baubehörde größere Einflußmöglichkeiten sichert.

Kommunaler Wohnungsbau

Im Unterschied zur Vorkriegszeit forciert die Stadt den Wohnungsbau in eigener Regie weit über den Eigenbedarf für städtische Bedienstete hinaus. Unterstützt wird sie dabei von gemeinnützigen Baugenossenschaften, die zwischen 1920 und 1932 über 5 500 Wohnungen fertigstellen. In der Folge der Wirtschaftsdepression sieht sich die Stadt zu Beginn der 30er Jahre gezwungen, ihr Engagement als Bauherrin aufzugeben und sich auf Zuschüsse zum privaten und genossenschaftlichen Wohnungsbau zu beschränken.

Bauausstellung 1924

Angesichts von Inflation, Arbeitslosigkeit und der damit verbundenen existentiellen Not vieler Bürger zeigt die Bauausstellung von 1924 Beispiele für Minimal-

Ländliches Siedlungsbild: die zwischen 1919 und 1924 errichtete Siedlung am Kanonenweg

Zeilenbauweise und Flachdach: die Siedlung Wallmer in Untertürkheim (Architekt: Richard Döcker)

Nach außen geschlossen, im Innenhof Mietergärten: die Straßenbahnersiedlung in Ostheim, errichtet zwischen 1921 und 1927

häuser, die in Eigenarbeit errichtet werden können. Die folgende wirtschaftliche Erholung schiebt die Realisierung solcher Vorschläge vorübergehend auf.

Zeilenbauweise

Die kurze Blüte zwischen 1924 und 1929 ermöglicht es der Kommune, ein umfangreiches Wohnungsbauprogramm zu verwirklichen. 1925 beschließt der Gemeinderat die Errichtung von jährlich 1000 städtischen Sozialwohnungen. Der vom Umfang her geringe und verstreute städtische Grundbesitz sowie die immer wieder zitierte Topographie lassen keine großen zusammenhängenden Siedlungen entstehen. Die Bebauung greift jetzt über die Höhenzüge hinaus. Gebaut wird besonders in Ostheim und Heslach sowie am Rande der Vorstädte. Dabei liegt der Schwerpunkt der Bautätigkeit in den östlichen Stadtteilen zwischen dem ehemaligen Weingärtnerdorf Gablenberg und dem Gaskessel. Die bis zum 1. Weltkrieg übliche Blockrandbebauung wird zugunsten einer zwei- bis viergeschossigen Zeilenbauweise aufgegeben, die begrünte halböffentliche Höfe entstehen läßt. Belichtung und Belüftung sind zu wichtigen Planungsfaktoren geworden. Die Anordnung der Gebäudezeilen erfolgt entweder parallel oder quer zu den erschließenden Straßen. Mit der Aufgabe der geschlossenen Blockbauweise geht die Öffnung des Straßenraumes einher. Erscheinungsformen und Bautypen erreichen eine bisher unbekannte Vielfalt. Als Leitmotiv durchzieht sich bis 1933 der bisweilen hart ausgetragene ideologische Streit zwischen "moderner" und "traditioneller" Baugesinnung.

Flußlandschaft, noch ohne technische Eingriffe: der Neckar zwischen Bad Cannstatt (links) und Berg (rechts), 1925

Die 1926 – 28 errichtete Raitelsbergsiedlung in Ostheim, eine eigenständige Anlage mit integrierten Versorgungseinrichtungen. Im Vordergrund die Raitelsbergschule

Symbol des Aufbruchs einer international orientierten Moderne: die Weißenhofsiedlung

Traditionelle Formensprache: die Wagenburgsiedlung von Heinz Wetzel, 1928

Raitelsbergsiedlung

Zu den bemerkenswerten Anlagen aus dieser Zeit gehört die auf einem Bergrücken über dem Neckar gelegene Raitelsbergsiedlung. Geknickte Zeilen dreigeschossiger Häuser nehmen durch ihre Stellung die Höhenlinien auf und entwickeln mit einem Minimum an Typenvielfalt und Gestaltungselementen unterschiedliche Raumsituationen von eindrucksvoller Geschlossenheit. Den Mittelpunkt der Siedlung, zu der auch eine Schule gehört, bildet der 6-stöckige Turm des Konsumgebäudes.

Wallmer und Eiernest

Weitere Siedlungen folgen. Zu den Beispielen des "Neuen Bauens" zählen die Schönbühlsiedlung, der Wallmer in Untertürkheim und die in ihrer Anlage stark schematisierte städtische Wohnsiedlung in Wangen. Eine Alternative zu den mehrgeschossigen, großstädtischen Wohnbauten wie sie auch im Hallschlag, an der Wagenburgstraße oder mit dem Friedrich-Ebert-Wohnhof entstehen, zeigt die Siedlung Eiernest bei Heslach auf, deren minimierte Reihenhäuser den Gedanken der Gartenstadt weiterführen.

Weißenhofsiedlung

Den wichtigsten und umstrittensten Beitrag zum Wohnungsbau weit über die 20er Jahre hinaus liefert die 1927 anläßlich einer Werkbundausstellung errichtete Weißenhofsiedlung. Unter der Leitung Ludwig Mies van der Rohes sind an ihr die führenden Vertreter der europäischen Avantgarde beteiligt. Neue Lösungen in der Raumaufteilung und Einrichtung, rationalisierte Bauverfahren und nicht zuletzt die ungewöhnliche Erscheinung machen die Siedlung bis heute zu einem Manifest des "Neuen Bauens". Terrassen-, Reihenhaus- und Einfamilienhaustypen wurden hier zusammen mit einem Geschoßbau zu einer lockeren Gruppe zusammengefügt. Die versetzte Anordnung ermöglicht auch von den in zweiter Reihe stehenden Häusern einen Ausblick ins Tal. Der Erschließung dient ein doppeltes Ringsystem, wobei der Straßenverlauf die Stellung der Gebäude nicht mehr zwingend festlegt.

1 – 4 Mies van der Rohe
5 – 9 J. J. P. Oud
10 Victor Bourgeois
11 + 12 Adolf G. Schneck
13 – 15 Le Corbusier / Pierre Jeanneret
16 + 17 Walter Gropius
18 Ludwig Hilberseimer
19 Bruno Taut
20 Hans Poelzig
21 + 22 Richard Döcker
23 + 24 Max Taut
25 Adolf Rading
26 + 27 Josef Frank
28 – 30 Mart Stam
31 + 32 Peter Behrens
33 Hans Schraoun

Die Häuser 16–20, 22–25 wurden in veränderter Form neu gebaut. Das Haus 21 wurde nicht wieder aufgebaut.

Eine Komposition kubischer Baukörper, in freundlichen Farben gestrichen: die Weißenhofsiedlung

Die Weißenhofsiedlung, von Arabern bevölkert, eine Verunglimpfung aus den 30er Jahren

Festhalten am Althergebrachten: Gebäude in der Kochenhofsiedlung

Gesamtansicht der 1933 errichteten Kochenhofsiedlung

Kochenhofsiedlung

Die Reaktion auf dieses ungewöhnliche Experiment am Weißenhof fällt heftig aus. Kritik kommt sowohl von Heimatschutzverbänden, als auch von den an traditionellen Bauformen und Bauweisen orientierten Architekten der "Stuttgarter Schule". Deren Vertreter bekommen 1933 Gelegenheit zu einer Gegendemonstration in unmittelbarer Nähe am Kochenhof. Die dort entstehende Holzsiedlung zeigt einfache Siedlungshäuser, in bodenständigem Holzfachwerkbau errichtet und mit verputzter oder verschalter Außenhaut. Handwerkliche Solidität verbindet sich mit vertrauten Erscheinungsformen wie dem Satteldach oder der Lochfassade.

Kleinsiedlungen

Ab 1930 gibt es in einem Notprogramm Reichszuschüsse für Kleinstwohnungen, die in Eigenhilfe errichtet werden. Den in Vereinen organisierten Siedlern wird das Gelände in Erbbaupacht überlassen. Auf den großen Parzellen entstehen genormte eineinhalb-geschossige Einzel- oder Doppelhäuser. Die ersten in Stuttgart begonnenen Siedlerstädte sind Hoffeld bei Degerloch und Steinhaldenfeld bei Cannstatt, beides weitläufige, dörfliche Anlagen ohne Bezug zur bestehenden Bebauung.

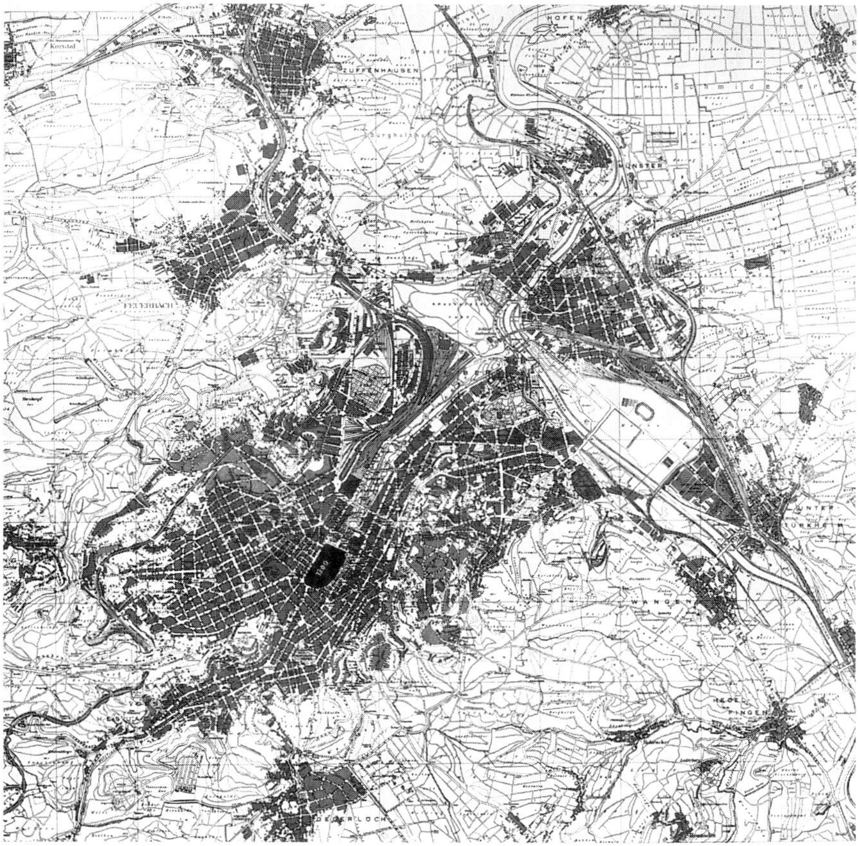

Stadtplan 1932. Die urbanistische Entwicklung hat die Räncer des Kessels bereits teilweise überschritten. Dagegen verfügen die Vororte noch über ein großes Flächenreservoir für die weitere Siedlungsexpansion

Gaskessel in Ostheim, betrieben von den Technischen Werken der Stadt Stuttgart (1929)

Das Werksgelände der Daimler-Motoren-Gesellschaft in Untertürkheim 1925, damals schon einer der größten Arbeitgeber in der Stadt. Der Industriebetrieb belegt bereits große Flächen zwischen der Eisenbahn und dem Neckar

Veränderungen im Stadtzentrum

Bebauung des alten Bahngeländes

Nach der Verlegung des Bahnhofs einige hundert Meter stadtauswärts wird ein Teil des bisherigen Bahngeländes zur Bebauung frei. Damit kann sich das Zentrum ausdehnen, ohne daß in die vorhandene Bausubstanz eingegriffen werden muß. Der Bebauungsplan für das ehemalige Bahngelände von 1925 schafft mit der Lautenschlager- und der Stephanstraße zwei neue Längsverbindungen parallel zur Königstraße. Anstelle des alten Empfangsgebäudes entsteht der Ufa-Palast mit Elementen des Expressionismus. Für das Gesicht des neuen Gevierts werden Verwaltungskomplexe wie das elfgeschossige Gebäude der Reichspostdirektion prägend. Die frei gewordenen Flächen sind erst Ende der 30er Jahre vollständig überbaut. Die mit dem Bahnhofsbau geforderte Vorzone, an deren Gestaltung Paul Bonatz maßgeblich beteiligt ist, entwickelt sich schnell zu einem Hauptverkehrsknoten, eine Funktion, die bisher der Schloßplatz ausübte. Damit verschiebt sich das Zentrum nach Norden, was Auswirkungen auf die bisher wenig belebte untere Königstraße und die Friedrichsvorstadt hat. 1922 wird das am Ende der Königstraße stehende Königstor im Interesse des prognostizierten Verkehrsaufkommens abgebrochen. Hinter der Fassade des ehemaligen Marstalls entsteht ein Laden- und Bürokomplex.

Bebauungsvorschlag für den Bahnhofsplatz von Paul Bonatz, 1922

Realisierte Bebauung gegenüber dem neuen Hauptbahnhof: Hindenburgbau (links außen) und Hotel Graf Zeppelin

Neue Geschäftshäuser in der Innenstadt

Die Bautätigkeit in der Innenstadt geht fast ausschließlich von privaten Investoren, insbesondere von Banken und Handelsunternehmen aus. Als einziges staatliches Geschäftshaus wird zwischen 1926 und 1928 der Mittnachtbau an der Königstraße erstellt. Die Vergrößerung der Bauvolumina macht sich im Stadtbild deutlich bemerkbar. Gegensätzliche Architekturtendenzen finden auch hier ihren Niederschlag. So bevorzugen die Banken einen historisierenden Stil, dessen Merkmale in Baukörper und Details auf die Zeit vor dem ersten Weltkrieg zurückgehen. Als Beispiel soll hier der Neubau der Stuttgarter Bank an der Schloß-, Ecke Seestraße (heute Huberstraße) dienen. Dagegen wird die Formensprache des "Neuen Bauens" bei einer Reihe von Geschäfts-, Presse- und Rundfunkbauten verwirklicht. Stuttgart erhält einige glänzende Beispiele der frühen Moderne. Dazu zählen das Hahn & Kolb-Haus und das Lichthaus Luz, beide in der Königstraße, Erich Mendelsohns Kaufhaus Schocken an der Eberhardstraße und der sich gegenüber erhebende 16-geschossige Tagblatt-Turm, das erste Stahlbetonhochhaus in der Stadt.

Projekte

1929 soll auf Initiative der Firmen Tietz und Englisch eine Hochhausfront an der Königstraße errichtet werden, was der daraufhin als rückständig bezeichnete Gemeinderat jedoch ablehnt. Auch der 1930 errichtete Erweiterungsbau des Kaufhauses Breuninger fällt kleiner als geplant aus. Die einsetzende Weltwirtschaftskrise verhindert danach die Verwirklichung weiterer Großprojekte im Stadtzentrum.

Das Empfangsgebäude des neuen Hauptbahnhofs, geplant von Paul Bonatz

Teile des alten Bahnhofs bilden mit der expressionistischen Architektur des UFA-Palastes eine neue Einheit. Im Hintergrund das Gebäude der Reichspostdirektion (1925)

Konservative Solidität: das Gebäude der Stuttgarter Bank in der Schloßstraße (1923)

Wahrzeichen der Presse: der 61 m hohe Tagblatt-Turm von E. Oßwald (1928)

Steigendes Verkehrsaufkommen

Durch die Ausbildung eines Zentrums und das wachsende Ausgreifen der Wohnbau- und Gewerbeflächen steigt der Pendelverkehr zwischen den Wohnungen, Arbeitsstätten, Versorgungszentren und den neugeschaffenen Erholungsplätzen, wie dem Inselbad oder dem Stadtbad Heslach. Mit der weiteren Verbreitung des Automobils wird bald deutlich, daß einige der engen Altstadtgassen den Verkehrsfluß stark behindern. Erste größere Durchbrüche sind im Bereich der Holzstraße geplant, die Weltwirtschaftskrise verhindert auch hier eine rasche Ausführung.

Weitere Eingemeindungen

Mit den zunehmenden Verflechtungen zwischen Stuttgart und den Dörfern und Kleinstädten der Umgebung geht eine weitere Ausdehnung der Gemarkung einher. 1922 fallen Obertürkheim, Hedelfingen, Kaltental und Botnang, 1929 Hofen, 1931 Münster, Rotenberg und Uhlbach und 1932 Zuffenhausen an Stuttgart. Darüber hinaus nimmt 1931 der Bezirksplanungsverband Stuttgart, ein Vorläufer der heutigen Regionalverbandes, seine Arbeit auf.

Bewußter Kontrast zur Kleinteiligkeit der Altstadt: Erweiterungsbau der Firma Breuninger in der Marktstraße

Die Kleinsiedlung Steinhaldenfeld. Von den Bewohnern teilweise in Selbsthilfe errichtete Einfamilienhäuser mit großen Nutzgärten

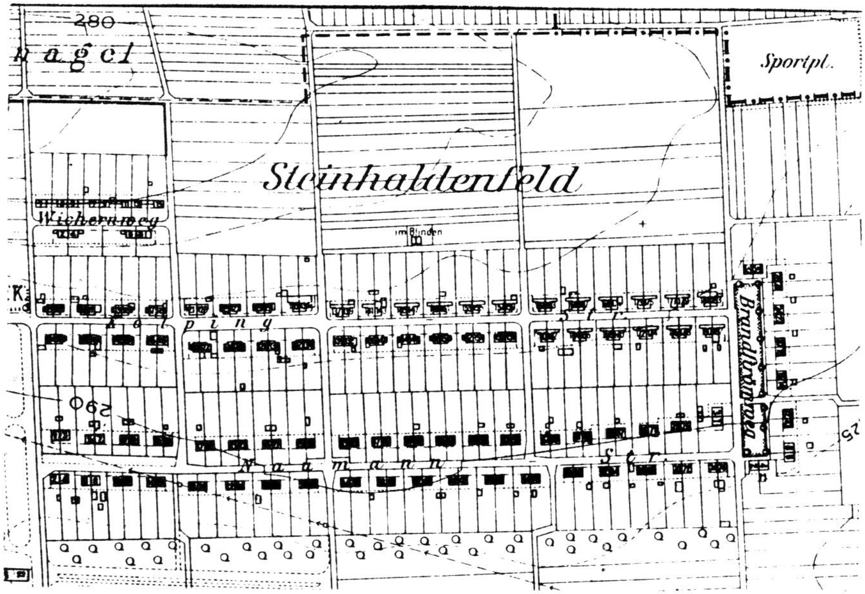

Schematische Doppelhausbebauung im Steinhaldenfeld. Eine öffentliche Grünfläche markiert den Abschluß der schmalen, geradlinig geführten Straßen (Stadtplan 1951)

1933 – 1945

Gleichschaltung

Nach der Machtergreifung durch die Nationalsozialisten werden in Stuttgart wie andernorts alle politischen Institutionen umorganisiert, die wichtigen Stellen in Staat und Verwaltung von unbequemen Personen "gesäubert" und mit Anhängern des Regimes besetzt. Mit der Gleichschaltung verschwindet die Selbständigkeit kleinerer politischer Einheiten. Auch der Gemeinderat verliert fast alle bisherigen Befugnisse an den neuen "Führer" der Stadt, Oberbürgermeister Strölin. Bereits am 31. März 1933 wird die Planie in Adolf-Hitler-Straße umbenannt.

Weitere Eingemeindungen

Der räumlichen Enge und dem Siedlungsdruck versucht man durch weitere Eingemeindungen zu begegnen. Mit dem Anschluß von Feuerbach, Mühlhausen und Zazenhausen verschiebt sich schon 1933 die Gemarkungsgrenze nach Norden. 1937 wird das Stadtgebiet mit Rohracker, Sillenbuch, Heumaden und Uhlbach nach Osten erweitert. Den Abschluß des neuen Stuttgarter "Raums" bilden 1942 die Fildergemeinden Plieningen, Birkach, Möhringen, Rohr, Vaihingen sowie Stammheim und die Solitude. Damit erreicht die Gesamtstadt mit einer Fläche von 207 km^2 eine Größe, die sie bis heute nicht überschritten hat.

Ausbau des Verkehrsnetzes

Das entstandene "Groß-Stuttgart" wird schon früh an das aus verschiedenen Gründen forcierte neue Fernstraßennetz angebunden. 1935 ist die Reichsautobahn Karlsruhe-Stuttgart-München in Teilbereichen fertiggestellt, und mit der Stichstrecke nach Heilbronn gelangt die Stadt in den Schnittpunkt wichtiger Nord-Süd- und Ost-West-Linien. Bereits 1933 sorgt eine elektrische Vorortbahn nach Ludwigsburg und Esslingen für eine bessere Anbindung der beiden größten Umlandstädte an Stuttgart. Der Ausbau des Neckars zum Kanal wird bis Heilbronn ausgeführt. Zu dem in den 20er Jahren entstandenen und später vergrößerten Flughafen Böblingen kommt ein neuer Flughafen auf den Fildern bei Echterdingen, der allerdings 1939 noch vor seiner Fertigstellung von der Luftwaffe belegt wird. Dieser großzügige Ausbau des Verkehrsnetzes macht den Großraum Stuttgart zu einem regionalen Verkehrsknoten.

Ortsbausatzung 1935

Zur differenzierteren Steuerung der Stadtentwicklung wird 1935 eine neue Ortsbausatzung erlassen, die das gesamte Stadtgebiet in 10 Baustaffeln mit festgelegten Abstands-, Dichte- und Nutzungsvorschriften aufgliedert. Die Baustaffeln 1-3 gelten für die dichtbebauten Mischgebiete der Altstadt- und Gründerzeitviertel, die Baustaffeln 4-10 für aufgelockerte Wohn- und Landhausbebauung. Ergänzend dazu verlangt die neue Reichsgaragenordnung die Ausweisung von Autostellplätzen und trägt damit der steigenden Motorisierung Rechnung. Die damals geschaffenen Klassifizierungen besitzen teilweise bis heute Gültigkeit.

Wohnungsbau

Im Wohnungsbau wird der traditionelle Siedlergedanke, der bereits in den 20er Jahren auftaucht, von Staats wegen nach Kräften gefördert. Einfamilienhäuser ermöglichen die Eigentumsbildung einer breiten Masse und sollen deren Verbundenheit mit der deutschen Scholle fördern. So konzentriert sich der Wohnungsbau zunächst auf die Siedlerstädte Hoffeld, Steinhaldenfeld, Seelach, Wolfbusch und Neuwirtshaus. Als ein Muster für die Besiedelung eines Hanges entsteht zwischen

Ländlicher Charakter: die 1938 von der Firma Mahle errichtete Siedlung im Sommerrain

Siedlungsprojekt auf dem Fasanenhofgelände 1941. Basierend auf einem Straßenkreuz, verbindet der Entwurf traditionelle Elemente mit zeitgenössischem Siedlungsbau

Blick vom Turm der Stiftskirche auf die dicht bebaute Altstadt. Im Hintergrund der Bebenhäuser Hof

1934 und 1939 die Siedlung "Am Vogelsang", die noch heute durch ihre sachliche Zweckmäßigkeit besticht. Hinzu kommt eine weitere Mustersiedlung für "Alte Kämpfer" in Zuffenhausen. Eine als eigenständige Stadt mit zwei sich orthogonal kreuzenden Hauptstraßen geplante Anlage auf dem Fasanenhofgelände wird nicht mehr begonnen.

Regionalistische Architekturtendenzen

Mit der politischen Gleichschaltung verschwindet auch die in den 20er Jahren herrschende Pluralität in der Architektur. Für den weitaus größten Teil der Aufgaben kommen traditionelle Gestaltungsmerkmale zur Anwendung, die häufig an regionale Bauformen anknüpfen. Den Repräsentationsgebäuden des Staates bleibt die herrschaftlich-autoritäre Formensprache des Neoklassizismus vorbehalten. Lediglich Gewerbe- und Industriebauten unterliegen weniger strengen Gestaltungsnormen und können in den Formen der 20er Jahre-Avantgarde errichtet werden.

Stadtkronen

Die Weißenhofsiedlung als Demonstrationsobjekt einer vom Bauhaus geprägten Epoche fällt jetzt unter die Bezeichnung "Entartete Kunst" und soll wie vieles aus der "Systemzeit" ausgemerzt werden. Anstelle der Mustersiedlung ist ein Monumentalkomplex für das Generalkommando V projektiert, der über dem Pragsattel thronen und ein Element der von den Nationalsozialisten angestrebten Stadtkronen bilden soll. Wie bei vielen anderen Projekten verhindert der Krieg auch hier

Die heutige Lautenschlagerstraße Ende der 30er Jahre. Das ehemalige Bahngelände ist noch nicht vollständig überbaut

Die Innenstadt vor der Zerstörung (Stadtplan 1936)

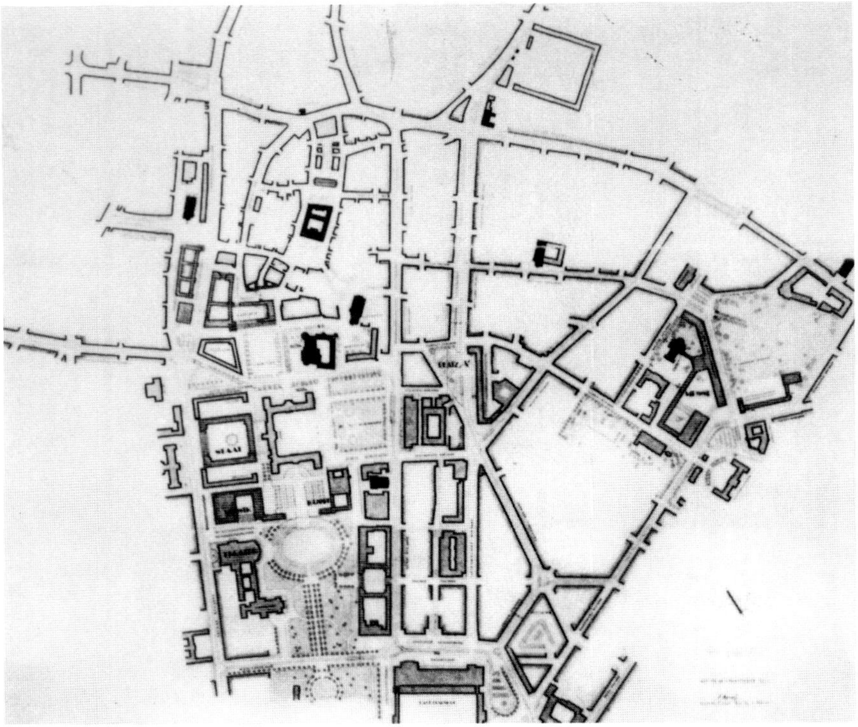

Umbau der Innenstadt für den Kraftfahrzeugverkehr. Gutachten von Paul Bonatz 1936

Geplantes Rundfunkgebäude auf der Karlshöhe (Fotomontage)

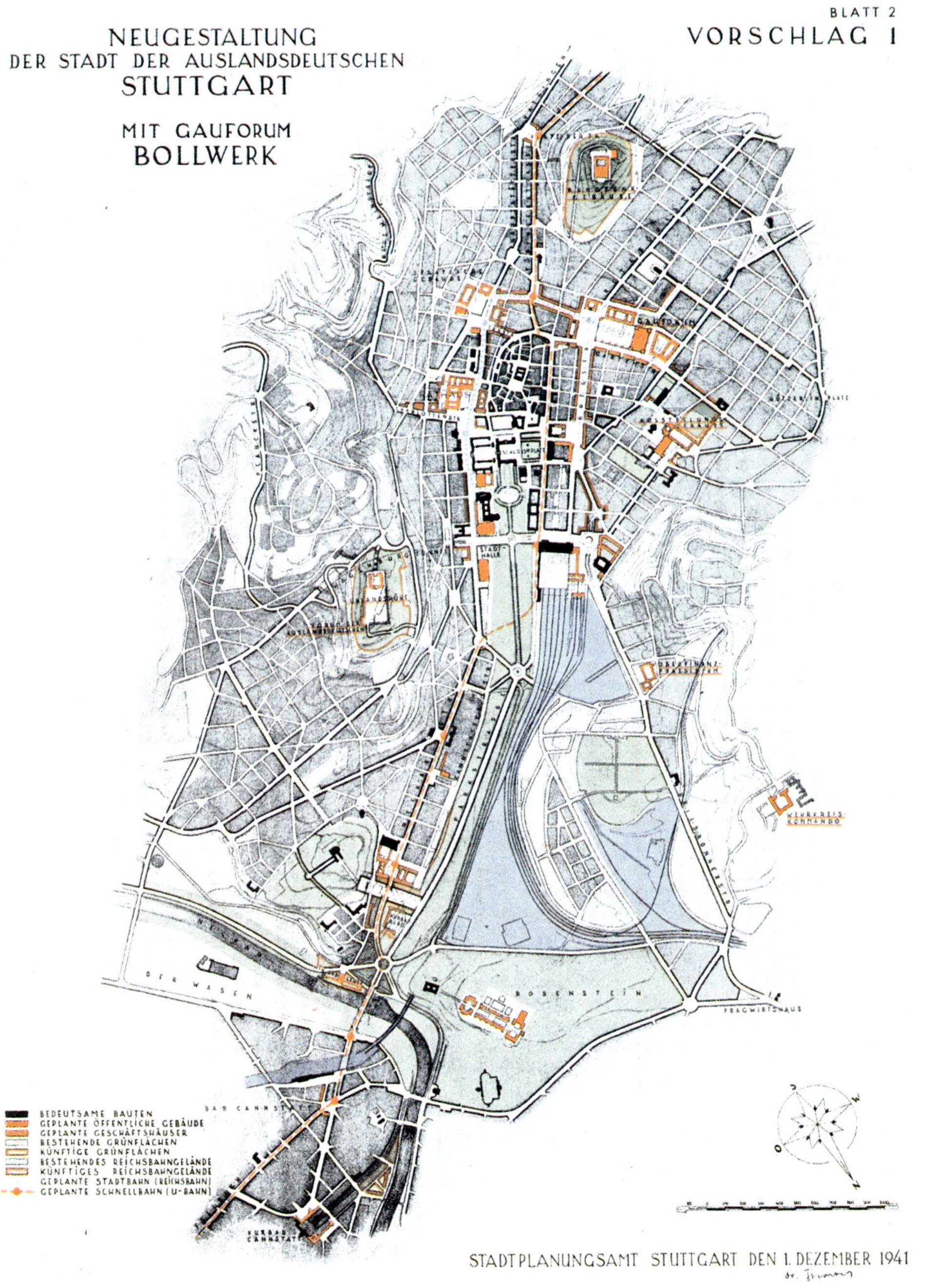

Stadtumbau zur Verbesserung der Verkehrserschließung und für die Repräsentationsansprüche von Staat und Partei. Entwurf des Stadtplanungsamtes, 1941

Projekt eines "Gauforums" im Rosensteinpark (Blick vom Kriegsberg, Fotomontage)

Haupteingang des zur Reichsgartenschau 1939 geschaffenen Killesbergparks

die Ausführung der Pläne. Lediglich die am Eingang zu dem für die Reichsgartenschau geschaffenen Killesbergpark gelegene Brenzkirche von 1932 erfährt 1939 einen Umbau im Stil der neuen Weltanschauung.

Gauforum

Als Ausdruck des totalen politischen Machtanspruchs ist das Stadtzentrum nach nationalsozialistischen Vorstellungen umzubauen. Die "Gauhauptstadt" und "Stadt der Auslandsdeutschen" soll endlich ein großzügiges Gesicht erhalten, beherrscht von monumentalen Bauten des Staates und der Partei. Als wichtigste Projekte sind das Gauforum zu nennen, für das verschiedene Standorte am Rotebühlplatz, auf der Uhlandshöhe oder im Rosensteinpark untersucht werden, sowie ein neues Rathaus, das, bei der Leonhardskirche gelegen, die Hälfte der Esslinger Vorstadt beansprucht.

Neues Straßensystem im Zentrum

Gleichzeitig will man die Verkehrssituation in der Innenstadt durch breite Straßendurchbrüche radikal verbessern. Die Planung sieht ein Tangentenrechteck aus Friedrich-/Rote Straße, Neckar-/Hauptstätter Straße und Schillerstraße/Sophienstraße vor. An den Gelenkpunkten dieses Rechtecks sollen weite Plätze angelegt werden. Die neugeschaffenen Straßen werden von öffentlichen Großbauten gesäumt. Ein solcher Stadtumbau von bisher unbekanntem Ausmaß soll Stuttgart zu einem klaren, großstädtischen Gepräge verhelfen. Durch den Ausbruch des Krieges wird die Verwirklichung dieses Altstadtrahmens bis auf den 1939 ausgeführten Holzstraßendurchbruch auf die Zeit nach dem "Endsieg" verschoben. Bei allen Projekten verbinden sich ideologische Absichten mit technokratischem Zweckdenken. So nimmt es nicht wunder, daß dieses Konzept unter ganz anderen Vorzeichen und mit geringeren ästhetischen Ansprüchen Eingang in den Verkehrsgerippeplan findet, der in den 50er und 60er Jahren dann ausgeführt wird.

Überlegungen zur Altstadtsanierung

Zur selben Zeit werden Überlegungen zu einer Sanierung der malerischen, aber sanierungsbedürftigen Altstadt angestellt. Ziel ist die "Hebung der Volksgesundheit" und ein größerer Schutz vor Luftangriffen, was eine weitläufige, aufgelockerte Bebauung verlangt hätte. Damit wäre das vertraute Bild der Altstadt auch ohne die kriegsbedingten Zerstörungen verschwunden. Doch bleiben solche Gedanken wie vieles andere in diesen Jahren Absichtserklärungen.

Reichsgartenschau 1939

Verwirklicht werden nur marginale Projekte: einige Kirchen und Schulen, das Haus der Technischen Werke in der Lautenschlager Straße und das zur "Adolf-Hitler-Kampfbahn" umgebaute und erweiterte Neckarstadion. Im Zuge der Reichsgartenschau 1939 wird ein aufgelassenes Steinbruchgelände auf dem Killesberg zu einer Parkanlage umgestaltet. Die anläßlich dieser Gartenschau errichteten Ausstellungshallen bilden die Keimzelle für das heutige Messezentrum. Mit der gewaltigen Aufrüstung entstehen weitere Kasernenkomplexe auf dem Burgholzhof, westlich von Vaihingen und zwischen Möhringen und Birkach.

Bombenangriffe

Die Konzentration mehrerer, für die Kriegswirtschaft bedeutsamer Industriebetriebe macht Stuttgart im zweiten Weltkrieg zu einer besonders gefährdeten Zielscheibe für alliierte Bombenangriffe. Wie in anderen deutschen Großstädten erfol-

Trümmerlandschaft zwischen der Leonhardskirche und dem Rathaus 1945

Im Stadtzentrum sind nur noch wenige Gebäude erkennbar: der Tagblatt-Turm (links) und das Breuninger-Hochhaus (Mitte)

gen gegen Ende des Krieges Flächenbombardierungen der dicht bebauten und dadurch mit geringem Aufwand zu vernichtenden Wohnviertel. Damit soll die Arbeitskraft der Industriearbeiter gebrochen und die Industrie lahmgelegt werden. Die Zahl der Einwohner verringert sich durch Ausquartierungen von 460 000 bei Ausbruch des Krieges auf 266 000 im April 1945. Zwischen März 1944 und Januar 1945 werden über die Hälfte der bestehenden Gebäude von Bomben getroffen. Insgesamt fallen 12 000 Spreng- und 1,3 Millionen Brandbomben, über 4 500 Menschen aus der Zivilbevölkerung kommen in den Trümmern ihrer Häuser ums Leben.

Vernichtung des Stadtkerns

Schon die ersten Angriffe legen den Stadtkern mit seiner in Jahrhunderten gewachsenen Bausubstanz in Schutt und Asche. Lediglich von der Esslinger Vorstadt bleiben Reste erhalten. Um Plünderungen zu verhindern, werden die am schlimmsten getroffenen Gebiete ab September 1944 zur Sperrzone erklärt. Mit der Entfernung vom Zentrum nimmt das Ausmaß der Zerstörungen ab. Die weitläufig bebauten Wohnviertel an den Hängen und am Rande der Vororte erleiden kaum Beschädigungen. Damit ist das pulsierende Herz der Stadt bis auf weiteres lahmgelegt.

Nach den Luftangriffen 1944: großflächige Zerstörungen im Bereich Hoppenlaufriedhof (rechts oben) und Stadtgarten (Mitte)

Übergabe an die Franzosen

Die kampflose Übergabe der Stadt am 22. April 1945 an die anrückenden Franzosen verhindert weitere Zerstörungen. Zuvor waren freilich einige Infrastruktureinrichtungen und sämtliche Neckarbrücken bis auf den Berger Steg von Sondereinheiten zerstört worden, um dem Feind die Einnahme der Stadt, die bis zuletzt verteidigt werden sollte, zu erschweren.

Zerstörungsplan der Innenstadt 1945. Neben der Bestandsaufnahme werden bereits Vorschläge zum Wiederaufbau zerstörter Gebäude gemacht (schraffiert dargestellt)

Das Ende: Säulenreihe an der Neckartalstraße, bestellt für ein Großprojekt in Berlin (und nie abgeholt)

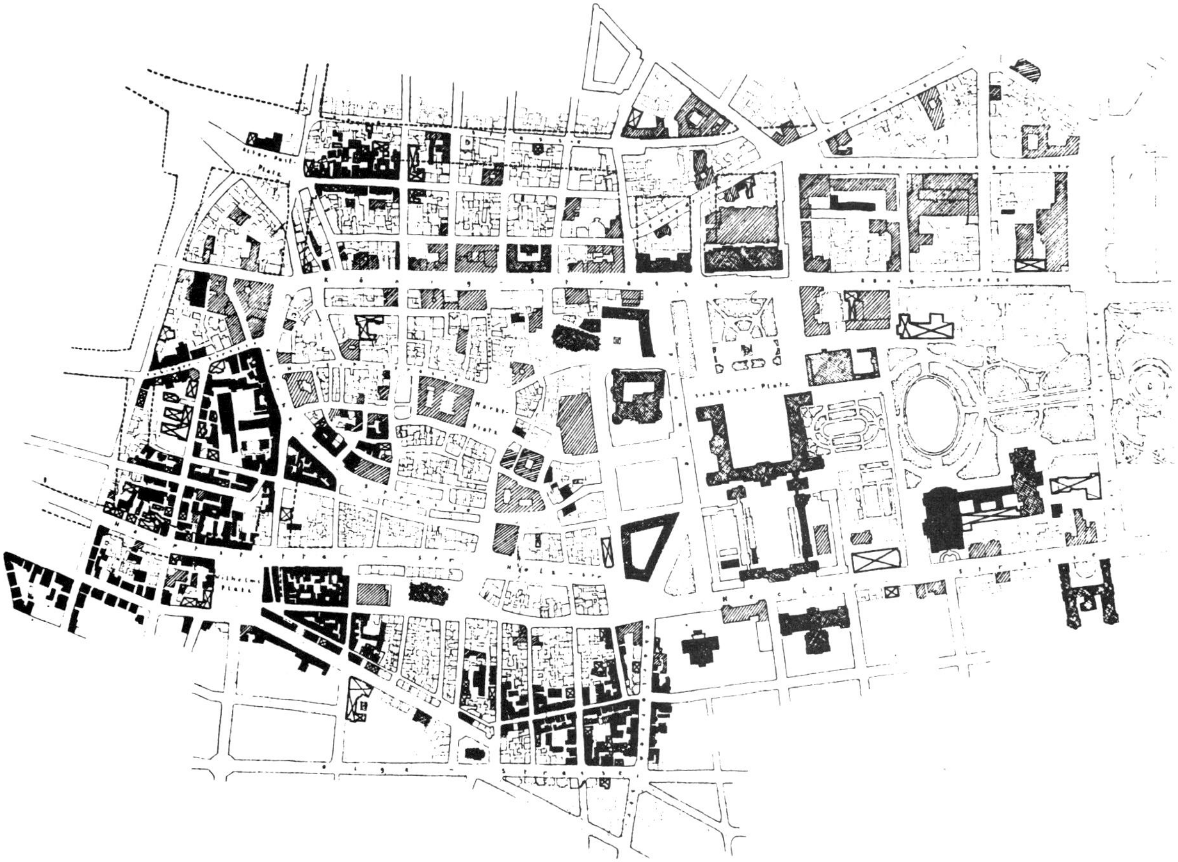

Um Neuplanungen zu erleichtern, werden großflächig Bausperren erlassen

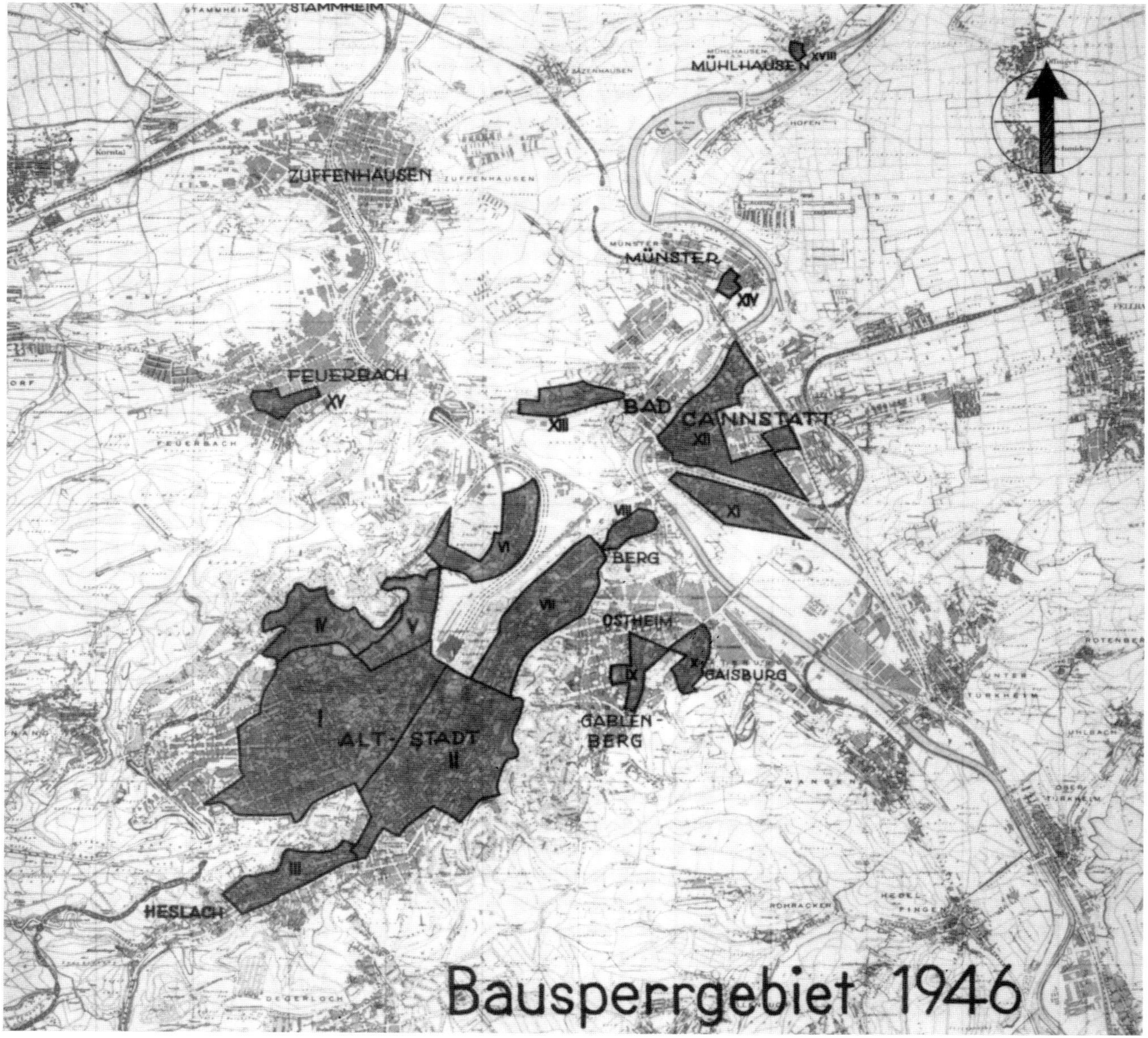

Improvisation

Neue Verwaltung

Nach der bedingungslosen Kapitulation geht die Verwaltung in die Hände der französischen Besatzungsmacht über. Diese setzt noch am 22. April 1945 den Rechtsanwalt Dr. Arnulf Klett als Oberbürgermeister ein und bestimmt damit den Mann, der die Entwicklung Stuttgarts in den folgenden 30 Jahren entscheidend prägen wird. Im Juli 1945 räumen die Franzosen Stuttgart und die Amerikaner rücken nach.

Wohnungsnot

Zunächst sind es sehr existentielle Probleme wie die Versorgung der Bevölkerung mit Lebensmitteln, Gebrauchsgütern und Brennstoffen, mit denen sich die Verwaltung auseinandersetzen muß. Angesichts der großen Zerstörungen fehlen intakte Wohnräume, weshalb viele Heimkehrer und Flüchtlinge höchstens in Notquartieren unterkommen. Als solche dienen Kellerräume und Dachböden, Bunker und behelfsmäßig errichtete Barackenlager. Auch die Verhängung einer Zuzugssperre kann nicht verhindern, daß Auswärtige in die Stadt drängen. Zu den zurückkehrenden Evakuierten und Kriegsheimkehrern kommen Ostzonenflüchtlinge und Heimatvertriebene aus den ehemals deutschen Gebieten im Osten. 1948 ist der Vorkriegsstand der Bevölkerungszahl fast wieder erreicht. Allein 1949 beträgt der Einwohnerzuwachs 16 493 Menschen, im selben Jahr werden jedoch nur 12 868 Wohnräume (!) neu geschaffen bzw. instandgesetzt. So steigt die statistische Wohndichte von 1,32 Personen pro Raum im Jahr 1949 noch auf 1,37 Personen im Jahr 1952 an. Zur gleichen Zeit sind 60 000 Personen als Wohnungssuchende gemeldet. Kritik entzündet sich besonders daran, daß der Wiederaufbau gewerblich genutzter Gebäude schneller in Gang kommt als der von Wohngebäuden.

Mahnmal der Zerstörung: Trümmerberg auf dem Birkenkopf

Zwischenlager für Trümmerschutt am Rotebühlplatz

Trümmerräumung mit Hilfe einer Kleinbahn in der Kriegsbergstraße

Trümmerräumung

Eine weitere Aufgabe ist die Instandsetzung der Infrastruktureinrichtungen und die Beseitigung der Trümmermassen. In den stark zerstörten Innenstadtbereichen wird zu diesem Zweck eine Trümmerbahn eingerichtet. Neben die Beseitigung tritt die Aufbereitung und Wiederverwendung der Trümmer, um den akuten Baustoffmangel zu lindern. 1948 findet im Hof des zerstörten Marstalls die Ausstellung "Baustoffe aus Trümmern" statt. Fünf Jahre später ist die Trümmerräumung abgeschlossen. Als zentrale Deponie für Trümmerschutt dient der im Westen gelegene Birkenkopf, der dadurch von 470 auf 511 Meter Höhe anwächst. Das auf der Spitze geschaffene Mahnmal soll an die Opfer des Bombenkrieges und an die Zerstörung der Stadt erinnern.

Bausperrzonen

Angesichts weit verbreiteter existentieller Not finden die Neuplanungen wenig Beachtung, zumal jeder Art von Planung zunächst noch das Odium des Nationalsozialismus anhaftet. So bleiben erste Aufbaumaßnahmen der Initiative und dem Geschick der Betroffenen überlassen. 1946 wird ein Bausperrzonenplan erarbeitet, der verhindern soll, daß in Gebieten mit mehr als 50% Zerstörung unkoordiniert gebaut und dadurch die Möglichkeit einer Neuplanung vertan wird. Alle Bauvorhaben sind jetzt meldepflichtig. Allerdings gelingt die Durchsetzung dieser Bausperren nicht immer und so entstehen an vielen Stellen "Schwarzbauten", die dann die weitere Planung behindern.

Behelfsbauten zwischen Eberhard- und Hauptstätter Straße, um 1950

Anlage zur Trümmeraufbereitung im Stadtgarten

Wiederverwendung von Trümmern: Ausstellung im zerstörten Marstall, 1947

Eingeschossige Behelfsbauten in der Breite Straße, im Hintergrund der Graf-Eberhard-Bau

Blick über geräumte Trümmergrundstücke in der Olgastraße und dem Bohnenviertel zum Stadtzentrum, 1953

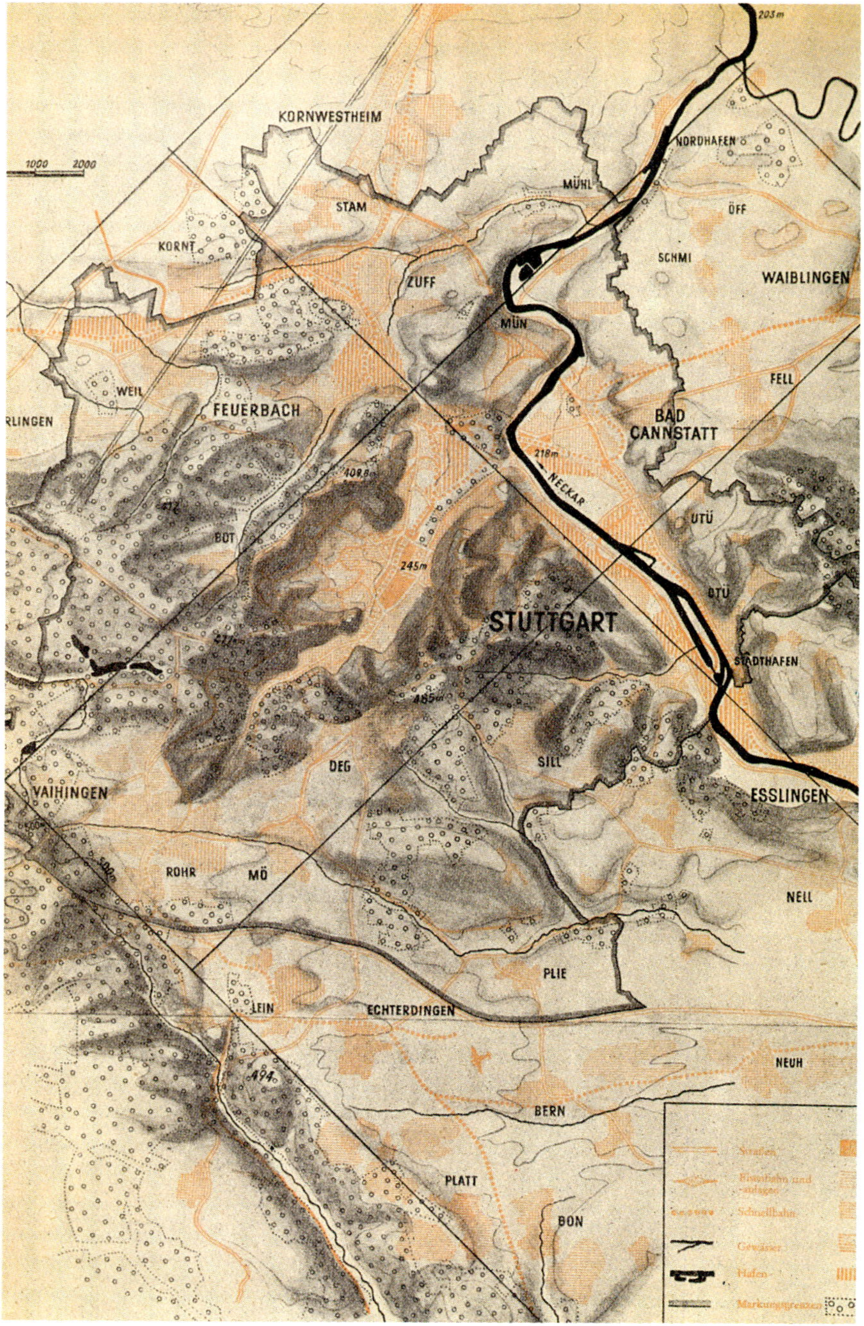

Erster Generalbebauungsplan nach dem 2. Weltkrieg (1948)

Wiederaufbau- und Verkehrsplanung

Altstadtwettbewerb

Trotz der allgemeinen Notlage werden schon bald nach dem Zusammenbruch sehr weitreichende Pläne geschmiedet. Im September 1945 schreibt die Verwaltung einen Ideenwettbewerb für den Wiederaufbau des alten Stadtkerns aus, dessen Ergebnisse erst 1947 bekannt gegeben werden, nachdem alle Teilnehmer politisch überprüft worden sind. Die Vorschläge der Preisträger – ein erster Preis wird nicht vergeben – sehen einen sparsamen Wiederaufbau unter prinzipieller Beibehaltung des bisherigen Straßengrundrisses vor. Mit der bescheidenen Verbreiterung der ehemaligen Altstadtgassen werden bewußt Hindernisse für das Eindringen des Autoverkehrs geschaffen. Einige Straßen, wie die Breite Straße oder die Schulstraße sollen dem Fußgänger vorbehalten bleiben. Als oberstes Planungsziel erscheint die Absicht, Licht und Luft in den Altstadtkern zu bringen. Begrünte Innenhöfe, eine parkartige Anlage im Zuge des Nesenbachs oder ein Grünzug südlich der Königstraße sind bemerkenswerte Elemente eines nicht realisierten Vorschlags. Insgesamt liefert dieser Wettbewerb einige später verwirklichte Ideen, jedoch kein einheitliches Gesamtkonzept für den Stadtkern.

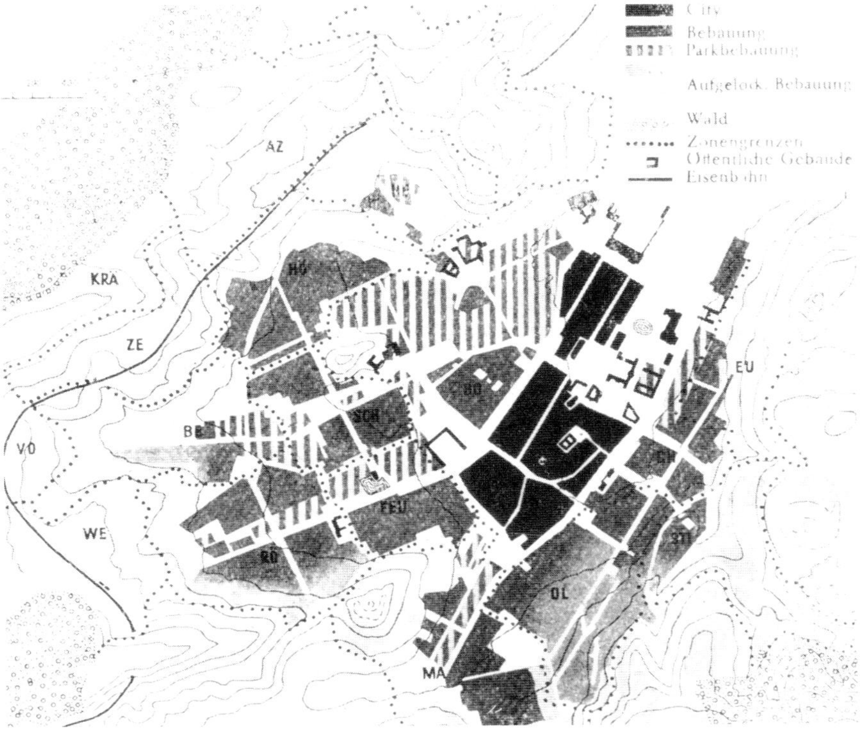

Projektierte Parkbebauung in den Zerstörungsgebieten der inneren Stadtbezirke (1948)

Abb. 4: Grünflächen und Parkplätze

Straßensystem in der Innenstadt. Die Planung von 1948 sieht eine Bündelung des Durchgangsverkehrs auf zwei Haupttrassen mit drei Quer-Verknüpfungen vor

Stuttgart als Badeort?

Wesentlich ausgefallener muten die Vorschläge des ersten Referenten für Wiederaufbau, Eugen Mertz, an, die auf Grund ihres mangelnden Realitätsbezugs jedoch nicht allzu ernst genommen werden. Seine Pläne sehen vor, Stuttgart zu einer Kur- und Badestadt umzustrukturieren, was die wirtschaftliche Basis für den Wiederaufbau schaffen soll. Dazu gehören detaillierte Vorstellungen von der Umnutzung historischer Gebäude: Nach ihrem Wiederaufbau sollen das Neue Schloß als Kurhotel, die Akademie als Kurmittel- und Badehaus und das Kunstgebäude als Trinkhalle dienen. Die schon um die Jahrhundertwende mit ähnlichen Positionen geführte Diskussion findet jedoch angesichts der materiellen Not ein schnelles Ende. Im Gegensatz zu diesen Gedankenspielen bleibt es das erklärte Ziel der Verantwortlichen, Stuttgart die Vorkriegsrolle als politisches, wirtschaftliches und kulturelles Zentrum Südwestdeutschlands zurückzugeben und zu sichern. In dieser Hinsicht scheint es von großer Bedeutung zu sein, die traditionell schlechte Erreichbarkeit des Kessels ein für allemal zu beseitigen. Durch die weitgehende Zerstörung der inneren Stadtgebiete besteht zudem die einmalige Chance, das Zentrum den Anforderungen des Verkehrs gemäß neu zu ordnen.

Verkehrsgerippeplan 1947

Als leitende und koordinierende Planungsinstanz wird 1946 die Zentrale für den Aufbau der Stadt Stuttgart (ZAS) geschaffen, die als Vorläufer des Stadtplanungsamtes zunächst von Richard Döcker, ab 1947 von Walter Hoss geleitet wird. Die Überzeugung, daß die Stadt nur dann zentrale Funktionen sinnvoll erfüllen kann, wenn sie verkehrsgerecht erschlossen wird, führt dazu, daß Fragen des Verkehrs eine dominierende Rolle bei der Wiederaufbauplanung spielen. Gleich nach dem Krieg erarbeitet die Hochschulgruppe "Stadtplanung und Verkehr" unter Professor Pirath einen Vorentwurf für den Generalbebauungsplan, der auf einem Verkehrs-

Die Königstraße Ende der 40er Jahre. Das Verkehrskonzept versprach eine Entlastung vom Durchgangsverkehr

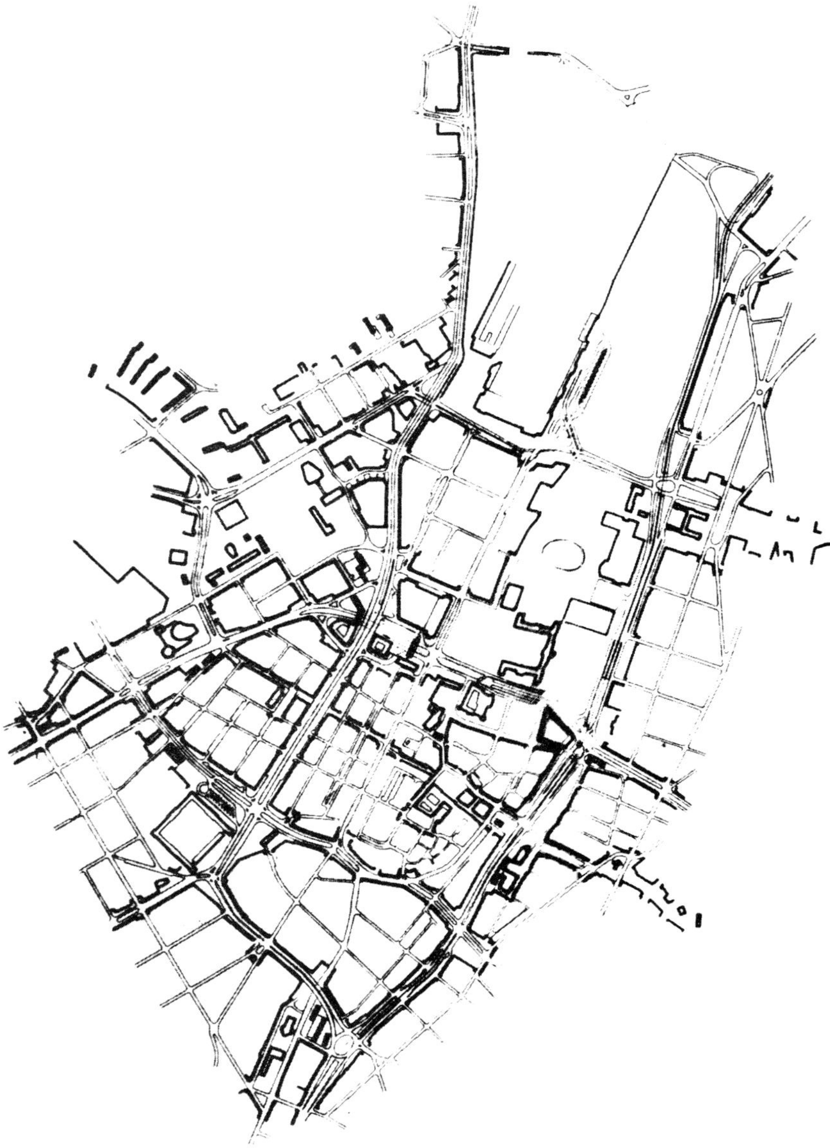

Nach den Vorgaben des Verkehrskonzepts erfolgte die Festlegung der Baukanten (1957)

konzept für die Gesamtstadt basiert. Die dabei vorgeschlagenen Lösungen finden Eingang in den Verkehrsgerippeplan von 1947, der wiederum zur verbindlichen Grundlage für die weitere Aufbauplanung wird.

Bündelung des Autoverkehrs

Da eine weiträumige Umgehung nicht in Betracht gezogen wird und eine engere Umgehung des Kessels nur unter großem Aufwand zu verwirklichen ist, führt man die beiden das Stadtgebiet kreuzenden Hauptlinien (Bundestraßen 10 und 27) in den Kessel. In Anlehnung an die Planungen aus der Zeit des Dritten Reiches wird der Durchgangsverkehr in der Innenstadt in zwei zügigen Längsachsen gebündelt, der Neckar-, Adenauer- und Hauptstätter Straße sowie der Heilbronner und Rote Straße, die zur Entlastung der Königstraße gedacht sind. Diese beiden Tallängslinien sollen durch vier Querspangen miteinander verkoppelt werden. Vorgesehen sind die Linien Bahnhofsvorplatz-Schillerstraße, Planie, Eberhard-, Tor- und Sophienstraße. Die Kreuzungen sind noch auf einer Ebene als Kreisverteiler geplant. Aber schon jetzt wird die Forderung aufgestellt, die Straßenbreite der Hauptverbindungen müsse mindestens 30 m betragen. Durch das so entstandene Tangentenrechteck wird die geplante City sehr deutlich von der übrigen Stadt abgetrennt. Die Bündelung des Verkehrs erlaubt es, die ehemalige Altstadt vom Durchgangsverkehr freizuhalten. Zwei Tunnelbauten, der Azenberg- und der bereits vor dem Krieg begonnene Wagenburgtunnel, sollen die nördlichen und östlichen Stadtteile besser an das Zentrum anbinden.

Entscheidung von großer Tragweite: Ausbau des Killesbergs zum Messestandort (1950 – 52)

Schnellbahnprojekte

Außer Straßenprojekten sieht der Verkehrsgerippeplan eine Reihe weiterer Maßnahmen zur Bewältigung des wachsenden Verkehrsaufkommens vor, die ihrer Dinglichkeit nach in zwei Realisierungsstufen eingeteilt sind. Zu den forcierten Projekten zählt der Bau einer teilweise unterirdisch geführten Schnellbahn vom Hauptbahnhof über den Marienplatz nach Vaihingen und Echterdingen. Als eines der Fernziele gilt die Verlegung des Hauptbahnhofs in den Rosensteinpark, was wiederum ein wertvolles innerstädtisches Gelände für andere Nutzungen freimachen würde. Hinzu kommt der Bau eines Nordhafens bei Mühlhausen und eines Stadthafens bei Obertürkheim sowie eines großen Umschlaghafens bei Plochingen. An eine Vergrößerung des Flughafens Echterdingen wird ebenso gedacht wie an den Bau einer U-Bahn.

Generalbebauungsplan 1948

In enger Anlehnung an den Verkehrsgerippeplan wird der Generalbebauungsplan aufgestellt, den die technische Abteilung des Gemeinderats im Mai 1948 gutheißt. In ihm lassen sich die Idealvorstellungen von einer modernen Stadt, in der sich selbständige Siedlungs- und Wirtschaftsgebilde in lockerer Weise um einen Kern gruppieren, sehr gut nachvollziehen. Diesem zeitgenössischen Idealbild einer gegliederten und aufgelockerten Großstadt kommt das Stuttgarter Stadtgebiet mit seinen vielfältigen Siedlungsstrukturen bereits recht nahe. Ein Grundgedanke der Planung ist dann auch die Einteilung der Stadt in Zellen von 10 000 bis 15 000 Einwohnern, die, mit Gemeinschaftseinrichtungen und Arbeitsstätten versehen, bis zu einem gewissen Grad unabhängig sein sollen. Diese Zonung der Stadt ist interessanterweise auch für den Kessel vorgesehen, wobei die Einzelzellen von Grünbändern begrenzt werden, die von den bewaldeten Höhen ins Tal führen. Die wirtschaftlichen Nachteile, die daraus erwachsen, daß größere Teile bisher bebauter Flächen freigehalten werden, lassen solche Ansätze scheitern.

Funktionstrennung

In der zwischen die Hauptverkehrsachsen gespannten City sollen Handel und Dienstleistungen, Verwaltung und Regierung konzentriert werden. Wohnungen sind in diesem Bereich keine vorgesehen. Um diese Zentrale lagert sich eine Zone gemischter Nutzung. Besondere Bedeutung kommt dem Bereich Stadtgarten – Hoppenlaufriedhof zu, in dem Neubauten der Technischen Hochschule, die neue Liederhalle, Museen und weitere Kultur- und Freizeiteinrichtungen geplant sind. In den Außenbezirken werden ausgedehnte neue Wohn- und Industriegebiete ausgewiesen. Man denkt an ein intensiv genutztes Siedlungs- und Industrieband zwischen Weilimdorf und Mühlhausen und an mehrere Trabantensiedlungen auf den Fildern im Einzugsgebiet der Schnellbahn.

Der Wiederaufbau der Innenstadt

Aufnahme des alten Straßensystems

Die Zerstörungen durch Luftangriffe konzentrierten sich auf die inneren Stadtgebiete, die fast vollständig vernichtet wurden. Vielfach künden bei Kriegsende nur noch Mauerreste und Trümmerberge von der ursprünglichen Bebauung. Angesichts dieser Situation darf die Frage gestellt werden, ob hier nicht die Chance zu einer völligen Neuorganisation des Zentrums gegeben war. Bei nüchterner Betrachtung zeigt sich jedoch, daß dies zu umfangreichen und langwierigen Umlegungsverfahren geführt und damit den Wiederaufbau auf Jahre hinausgeschoben hätte. So wirkt sich der Zwang zu einem raschen Wiederaufbau bewahrend auf die Stadtstruktur aus. Immerhin ist das Straßensystem mit seiner gesamten technischen Infrastruktur wie der Kanalisation oder dem Stromnetz praktisch unversehrt geblieben. Hinzu kommt das Bedürfnis des Einzelhandels, möglichst schnell den Betrieb wieder aufzunehmen. Aus diesem Grund entstehen zuerst eingeschossige Behelfsbauten, die nach und nach festen Neubauten weichen. Mit dem wirtschaftlichen Aufschwung erfolgt der Wiederaufbau der Innenstadt in unerwartet kurzer Zeit.

Flachdach in der Innenstadt

Bereits 15 Jahre nach Kriegsende kann man stolz zur Kenntnis nehmen, daß die meisten Lücken geschlossen sind. Der vor dem Krieg existierende Straßengrundriß dient mit einigen Veränderungen als Basis für den Neuaufbau, wobei viele Straßen begradigt und verbreitert werden. Gemäß den Nutzungsvorstellungen, die im Generalbebauungsplan formuliert wurden, entstehen reine Geschäfts-, Verwaltungs- und Kulturzonen. Die Architektursprache, die sich zunächst noch an konservativen Formvorstellungen orientiert hatte, schwenkt schnell auf zeitgenössische Leitbilder um, die hier – anders als in München oder Nürnberg – auch im historischen Zentrum verwirklicht werden. Eine Wiederherstellung der historischen Bauten und Stadträume kommt nur für wenige Fälle in Betracht.

Die Ruine des Neuen Schlosses, dessen Wiederaufbau lange umstritten war (1946)

Eingeschossige Provisorien prägen die untere Königstraße. Blick vom Turm des Hauptbahnhofs (1953)

Eine der ersten Fußgängerzonen in Deutschland: die Schulstraße (1957)

Schulstraße und Marktplatz

Dennoch lassen sich in den Stadtbereichen, in denen der historische Straßenverlauf und die alte Parzellenstruktur beibehalten werden, Bezüge zur Vorkriegsbebauung feststellen. In diesem Zusammenhang verdient die Schulstraße eine besondere Erwähnung. Als eine der ersten Fußgängerstraßen in Deutschland verbindet sie zeitgenössische Gestaltungselemente mit einer bazarähnlichen Enge, die ihren mittelalterlichen Ursprung noch erfahrbar macht. Auch die schmalen Flachdachbauten an der Nordwest- bzw. Nordostseite des Marktplatzes zeigen noch die Kleinteiligkeit der vor dem Krieg vorhandenen Bebauung, ohne sich formal an diese anzulehnen.

Veränderung der Stadtstruktur

Mit Hilfe des vom Land erlassenen Aufbaugesetzes, das die Bodenordnung bei Neuplanungen erleichtert, erhalten Teile der Innenstadt eine neue Struktur. Eine Veränderung des Stadtgrundrisses erfolgt besonders in den Bereichen, die von den neu zu schaffenden Verkehrslinien tangiert werden. So sprengt die Verbreiterung der Rote Straße auf 48 Meter das engmaschige Netz der zweiten mittelalterlichen Stadterweiterung und verwischt historisch gewachsene Bezüge. Auch die an die Weinberge des Kriegsbergs geschobenen Verwaltungsbauten geben keinerlei Hinweise auf das vordem dort existierende vornehme Wohnquartier, obwohl hier das Straßengerüst nicht angetastet wurde. Starke Veränderungen hin zu einer durchgrünten Stadt kennzeichnen die Umgebung der Technischen Hochschule.

Rekonstruktionen

Nur die für das Stadtbild wichtigen historischen Gebäude werden in ihren Umrissen historisch getreu, in den Details dem zeitgenössischen Verständnis von Denkmalschutz gemäß interpretierend und im Inneren modern wiederhergestellt. Die-

Zeitgenössische Flachdachbauten auf alten Parzellen: neue Randbebauung am Marktplatz

Die wiederaufgebaute Innenstadt mit dem neuen Rathaus, 1960. Das historisierende Walmdachgebäude aus der ersten Nachkriegszeit (im Vordergrund) bleibt ein Einzelstück. Auch in der Innenstadt setzen sich zeitgenössische Bauformen durch

Bürogebäude am Fuße des Kriegsbergs (1953)

Die Planie mit den provisorisch hergerichteten Akademiebauten

GASTSTÄTTE
BIERHAUS
S
AX 345

ses Prinzip findet man bei den drei mittelalterlichen Kirchen ebenso verwirklicht wie beim Alten und Neuen Schloß, der Villa Berg, dem Schloß Rosenstein oder dem Wilhelmspalais. Das kriegsbeschädigte Schiff der Hospitalkirche soll als Ruine an die Zerstörung der Stadt erinnern. Als einziger geschlossener Stadtraum wird der Schillerplatz mit Alter Kanzlei, Prinzenbau, Fruchtkasten, Stiftskirche und Altem Schloß rekonstruiert. Lediglich der einstige Gasthof "Zum König von England" erfährt eine zeitgenössisch schlichte Interpretation als Verwaltungsgebäude.

Neues Schloß und Landtag

Das Neue Schloß nimmt in dieser Reihe eine besondere Stellung ein, da um seinen Wiederaufbau jahrelang gerungen wird. Für die einen soll dieses Symbol feudaler Unterdrückung einem Neubau für die demokratische Volksvertretung weichen, die andere Seite wünscht dieses für die historische Identität der Stadt wichtige Bauwerk in der alten Form wiederaufgebaut. Mehrere Wettbewerbe sollen Entscheidungshilfen darüber geben, ob sich die alte Hülle mit einer Nutzung als Landtagsgebäude in Einklang bringen läßt. Letztendlich fällt die Entscheidung zugunsten einer Wiederherstellung der äußeren Form für Ministerien, während für den Landtag ein eigenständiger, sich den historischen Bezügen entziehender Neubau entsteht.

Kurz vor dem Abbruch: das ehemalige Kaufhaus Schocken in der Eberhardstraße (Abb. links)

Das neue Landtagsgebäude, 1959 – 61, selbstbewußt zwischen dem Neuen Schloß und der Staatsoper errichtet

Nur leicht beschädigt: das Kronprinzenpalais am Ende der Planie (1949)

An der Stelle des Kronprinzenpalais befindet sich heute der 1968 eingeweihte Kleine Schloßplatz

Kronprinzenpalais und Kleiner Schloßplatz

In anderen Fällen müssen die Ruinen stadthistorisch bedeutender Gebäude den zeitgenössischen Vorstellungen von Fortschritt weichen. Schon zu Beginn der 50er Jahre verschwindet die Ruine des Alten Steinhauses in der Grabenstraße, damit Parkplätze für den Fußgängerbereich Schulstraße geschaffen werden können. Auch die Reste des Ständehauses an der Kronprinzenstraße, der Akademie, des Olgabaus oder der Landesbibliothek werden nach und nach beseitigt. Heftige Auseinandersetzungen gibt es dagegen um den Abbruch des beschädigten Kronprinzenpalais, an dessen Stelle die Verkehrsplaner den Druchbruch einer Querspange im Zuge der Planie vorgesehen haben. Lokalpresse, Heimatbund und Denkmalamt liefern sich verbale Gefechte mit der Bauverwaltung, die ihr Verkehrskonzept und damit ihre Vorstellung vom vitalen Zentrum gefährdet sieht. Anfang der 60er Jahre wird dann das Palais abgerissen, nachdem ein Wettbewerb Vorschläge für die Gestaltung und Nutzung des künftigen Verkehrsdeckels erbracht hat. Die mit dem anspruchsvollen Namen "Kleiner Schloßplatz" versehene Anlage, mit verstreuten, eingeschossigen Ladenpavillons mühsam belebt, wird 1968 eingeweiht. Bereits 12 Jahre später erscheint dieser Einbruch in das Stadtgefüge nach der Verlegung der Straßenbahn in den Untergrund als störend, so daß wieder Wettbewerbe für die Umgestaltung des Kleinen Schloßplatzes veranstaltet werden.

Stadtumbau zwischen dem Hauptbahnhof und dem Gelände der Technischen Hochschule, 1962. Das alte Straßengerüst um den sternförmigen Friedrichsplatz ist zugunsten der nördlichen Citytangente aufgegeben worden

Auswirkungen des Verkehrskonzepts

Die Verwirklichung des Verkehrskonzepts hat auch an anderen Stellen Auswirkungen auf die vorhandene Bausubstanz. Selbst bedeutende Zeugnisse der Stadtgeschichte müssen verschwinden. Für den Bau einer unterirdischen Straßenbahntrasse bricht man die enge Torstraße durch Beseitigung der Randbebauung auf. Zuvor schon wurde das Kaufhaus Schocken, baugeschichtlich von internationaler Bedeutung, der verbreiterten Eberhardstraße und den Vergrößerungsplänen des Horten-Konzerns geopfert. Ähnlich gravierend wirken sich die Verluste aus, die bei der Verbreiterung der Hauptstätter Straße auf 36,5 Meter und gleichzeitigem U-Bahn-Bau eintreten. Dabei wird die noch teilweise vorhandene Straßenfront zwischen Wilhelmsplatz und Österreichischem Platz einseitig abgetragen. Die Verkehrsschneise mit ihrer Lärm- und Abgasbelastung macht die verbliebenen Bebauungsreste für das Wohnen ungeeignet. Erst Ende der 80er Jahre werden Anstrengungen unternommen, durch Neubauten in diesem Bereich wieder geschlossene Stadträume zu schaffen. Mit den breiten Verkehrsbändern erhält Stuttgart zwar ein zeitgemäßes Verkehrsnetz, dessen gestalterische und funktionale Einbindung in den Stadtorganismus bleibt allerdings eine Aufgabe für die Zukunft.

Der Charlottenplatz vor Inanspruchnahme durch die Verkehrsplanung: eine grüne Oase in der Stadt (1953)

Erster Wohnungsbau nach dem Krieg

Notunterkünfte

Zu den dringendsten Problemen nach dem Krieg zählt die rasche Schaffung von möglichst viel Wohnraum, wo immer das möglich ist. Der ungeheure Mangel an Wohnungen führt dazu, daß alle nur erdenklichen Räumlichkeiten als Unterkunft genutzt werden, die zahlreichen Tiefbunker ebenso wie Keller- und Waschräume zerstörter Gebäude, im Volksmund Stuttgarter Katakomben genannt. Hohe Bau- und Bodenpreise tragen dazu bei, daß in den ersten Nachkriegsjahren in erster Linie gewerblich genutzte Bauten entstehen. Der Wohnungsbau kommt nur sehr langsam in Gang.

Zeilenbauweise

In dieser Situation werden die Grundstücks- und Baukosten zu einem alles dominierenden Faktor. So entstehen die ersten Neubauten nicht in innerstädtischen Zerstörungsgebieten, sondern wegen der geringeren Bodenpreise auf bisher unerschlossenen Randflächen: auf der Haigstkuppe bei Degerloch, auf dem Hallschlag, am Rotweg in Zuffenhausen und am Rand von Weilimdorf. Als billigster Bautyp erweisen sich drei- bis viergeschossige Zeilenbauten, meist in Ost-West-Richtung hintereinander gestellt mit quer dazu verlaufender Haupterschließungsstraße. Zwischen den Zeilen bleibt Platz für einen Nutzgarten, aus dem später ein Zier- und Spielgarten wird. Dieses in den 20er Jahren entwickelte Prinzip wird in den 50er und 60er Jahren nicht nur hierzulande in großem Stil verwirklicht. Die zunächst erstellten Einfachwohnungen sind ihrer Ausstattung und ihrem gestalterischen Anspruch nach dürftig. Es fehlen Balkone, die Wohnungen bieten minimale Flächen und an die Ausweisung von Autostellplätzen denkt aus verständlichen Gründen niemand. Eine weitere Maßnahme zur Kostensenkung ist die Minimierung des Erschließungsaufwandes: In der Siedlung Lehmgrube bei Weilimdorf werden vier Wohnungen pro Etage über ein Treppenhaus erschlossen, im Hallschlag gelangt man über einen offenen Laubengang zu den Wohnungen der oberen Stockwerke. Ebenso wird das industrielle Prinzip der Vervielfältigung eines einmal entwickelten Grundrißtyps fleißig angewandt.

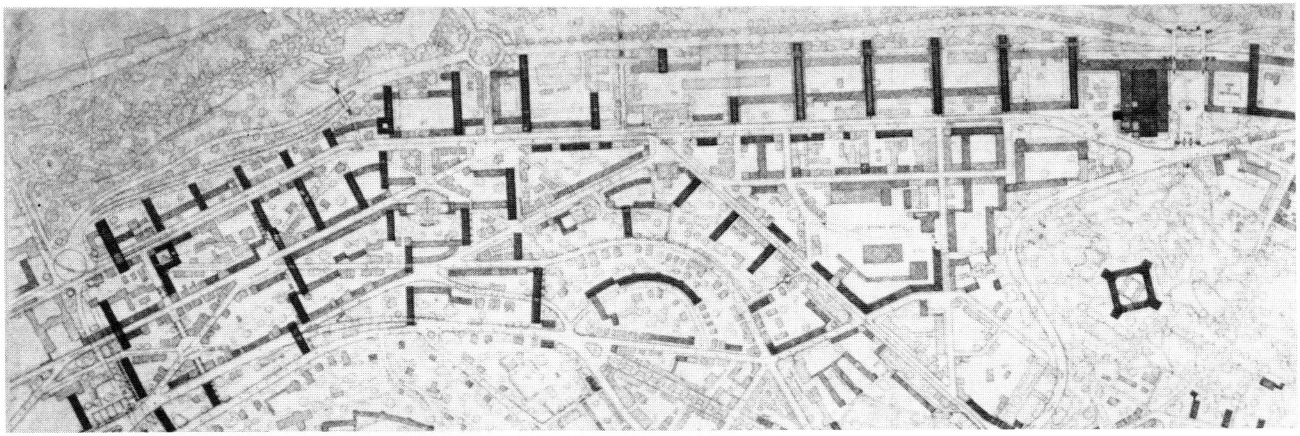

Zeilenbauweise in Bestandsgebieten: Aufbauplan für die östlichen Stadtviertel von Martin Elsässer, 1948. Am oberen Bildrand der Schloßgarten

Typische Hangbebauung der 30er und 50er Jahre, hier an der Gaußstraße im Westen

Fünfgeschossige Zeilenbauweise im Westen (1956)

Wiederaufbau innerstädtischer Wohngebiete

Von 1952 an beginnt man, die Flächenschadensgebiete im Süden und Westen wieder aufzubauen. Die höheren Bodenpreise werden auf diesen innerstädtischen Grundstücken durch geringere Erschließungskosten teilweise ausgeglichen. Einen ersten Schwerpunkt bildet das Geviert zwischen Herdweg und Seestraße. Die Reste der dort vor dem Krieg bestehenden gründerzeitlichen Blockrandbebauung sind schnell beseitigt, um eine zeitgemäße Lösung zu ermöglichen. So entstehen auch hier vier- bis sechsgeschossige, nach Süden orientierte Zeilen. Der besonderen Lage am Fuße des Kriegsberg entsprechen die großzügigen Grünzonen zwischen den Gebäuden. Auf diese Weise erhalten auch die Bewohner der inneren Stadtbezirke Bezug zu Licht, Luft, Sonne und Bepflanzung. Auch das weitgehend zerstörte Wohngebiet bei der Russischen Kirche erhält eine an die bestehende Straßenstruktur angepaßte Zeilenbebauung mit einem Punkthochhaus. Derartigen Veränderungen der Baustruktur gehen freilich langwierige Umlegungsverfahren voraus. Mit weniger Schematismus erfolgt die Bebauung der Stitzenburg, einem geneigten Gelände zwischen Hohenheimer- und Alexanderstraße. Die rasant steigenden Bodenpreise legen hier eine größere Verdichtung als in den bisher neu bebauten Innenstadtbereichen nahe. Neben den bekannten Zeilen, die hier dem Verlauf des überkommenen Straßengerüsts folgen, entstehen ab 1953 Stuttgarts erste Wohnhochhäuser, die in ihrer Häufung am Fuß der Kesselhänge von Anfang an umstritten sind.

Verdichtung aufgrund hoher Bodenpreise: Hochhäuser der Stitzenburg (1960)

Einfacher Wohnungsbau in den Außenbezirken, hier die Waldsiedlung Rohr (1951)

Erste Gebäude der neuen Siedlung Rot (1950)

Zeilen und Punkthochhäuser: die Siedlung Rot am Rande von Zuffenhausen (1960)

Beginnender Wohlstand: Wohngebäude und Ladenzeile in Rot (1955)

Siedlungen am Stadtrand

Zur gleichen Zeit wächst die für 18 000 Einwohner geplante Rotwegsiedlung am Rande von Zuffenhausen, die erste größere Wohnsiedlung nach dem Krieg. An der Realisierung sind zahlreiche private und gemeinnützige Baugesellschaften sowie einzelne Betriebe beteiligt. Die Art der Bebauung erinnert an skandinavische Vorbilder: Die Zeilen der mehrgeschossigen Wohnhäuser mit den Grünkorridoren dazwischen streben eine gewisse Offenheit und Weitläufigkeit an. Die häufige Wiederholung gleicher Bautypen und -formen birgt freilich die Gefahr der Gleichförmigkeit in sich, was durch die beiden später hinzugefügten Hochhäuser "Romeo" und "Julia" gemildert wird, die gleichsam den markanten Auftakt der Siedlung bilden. Mit "Romeo" besitzt Stuttgart eine Zeitlang den prestigeträchtigen Superlativ des höchsten Wohnhochhauses in der Bundesrepublik. Nach ähnlichem Muster entstehen zwischen Weilimdorf und Gerlingen die Siedlungen Giebel und Bergheim. Schon allein durch ihre Größe haben diese Wohnstädte den Charakter eigenständiger Stadtzellen, was durch eigene Versorgungseinrichtungen und eine isolierte Lage noch verstärkt wird.

Das Max-Kade-Haus, Hochhaus für Studenten am Rande des Hoppenlaufriedhofs (1953)

Wohnhochhaus "Romeo" in Rot, geplant von Hans Scharoun (rechtes Bild)

Expansion

Wirtschaftswunder

Durch die Währungsreform wird ein wirtschaftlicher Aufschwung eingeleitet, der sich immer stärker beschleunigt und – im nachhinein gerne als Wunder bezeichnet – bald alle Erwartungen übertrifft. Die Zahl der Arbeitsplätze steigt schneller als die Zahl der Arbeitssuchenden. Ein beinahe zwei Jahrzehnte anhaltendes kontinuierliches Wirtschaftswachstum läßt nicht nur den Wiederaufbau zu einem raschen Ende kommen, sondern forciert auch den Wandel der Region zu einem zusammenhängenden, hoch industrialisierten Wirtschaftsraum. Zu den kräftig expandierenden heimischen Betrieben gesellen sich internationale Konzerne wie SEL, IBM oder Kodak, einige Verlage sowie zahlreiche kleinere, vor der Sozialisierung geflüchtete Firmen aus Mittel- und Ostdeutschland. Die Stadt tut das ihre, um diesen Industriezuzug nach Kräften zu fördern. Das verlangt die Bereitstellung von geeigneten Flächen und ein dichtes Infrastrukturnetz, denn schon bald treten die Umlandgemeinden mit billigen Böden und großzügigen Ausdehnungsmöglichkeiten

Bau der südlichen Citytangente, in Bildmitte der Charlottenplatz (1970)

Bau des Neckarhafens zwischen Wangen (rechts) und Obertürkheim (links im Hintergrund)

Güterumschlagplatz und Gewerbestandort: der 1958 in Betrieb genommene Neckarhafen

Von der Klimaplanung beeinflußt: Gebäude der Industrie- und Handelskammer am Kriegsberg, geplant von Rolf Gutbrod

Auf dem Wege zur Freizeitgesellschaft: das Leo-Vetter-Bad in Ostheim

Schloßplatz und Königstraße 1960. Die Belastung des Stadtzentrums durch den Autoverkehr hat stark zugenommen

Parkhäuser in der Innenstadt, hier bei der Leonhardskirche

Mehrgeschossige Verkehrsdrehscheibe: der Charlottenplatz (rechts)

in Standortkonkurrenz mit der Landeshauptstadt. Um so mehr ist man in Stuttgart damit beschäftigt, das Verkehrssystem allen prognostizierten Anforderungen gemäß auszubauen.

Ausbau der Infrastruktur

Zwischen 1954 und 1958 wird bei Obertürkheim ein drei Becken umfassender Neckarhafen mit anschließender Industriezone errichtet, was die bisher ländliche Talaue völlig verändert. Mehrfache Erweiterungen erhöhen die Kapazität des Flughafens Echterdingen. 1957 kann der neue Großmarkt in Wangen eingeweiht werden. Schon zu Beginn der 50er Jahre entstehen am Killesberg neue Messehallen. In allen Bereichen findet eine enorme Flächenexpansion statt, die aus dem noch reichlich vorhandenen Reservoir an unbebauten Flächen gedeckt werden kann. Immerhin stehen seit 1963 einige markante Landschaftsteile unter Schutz. Die von der Stadtplanung gewünschte und durch den Wohnungsmangel in Stuttgart begünstigte weiträumige Trennung von Wohnungen und Arbeitsstätten sorgt dafür, daß die Zahl der Einpendler in das Stadtgebiet 1955 fast die 100 000-Marke erreicht, während nur 1/10 davon von Stuttgart aus ins Umland pendeln. Parallel zum einsetzenden Wohlstand für alle entwickelt sich das Auto zum Fortbewegungsmittel breiter Bevölkerungsschichten. So steht die Stadtverwaltung Mitte der 50er Jahre vor ungeahnten Problemen: Das Straßennetz ist in den Hauptbelastungszeiten dem Verkehrsaufkommen nicht mehr gewachsen und die Zahl der Stellplätze in der Innenstadt macht bald nur noch einen Bruchteil des Bedarfs aus. In dieser Situation wird der Ausbau des Verkehrsnetzes mit entschlossener Tatkraft vorangetrieben.

Bau der Citytangenten

Gemäß den Planungen beginnt man den Bau der nördlichen Citytangente mit dem Durchbruch der Friedrichstraße und der Verbreiterung der Rote Straße auf nunmehr 48 Meter, wobei nur spärliche Reste der alten Bebauung beiseite geräumt werden müssen. Daraufhin folgt der Ausbau der teilweise als Hochstraße geführten Paulinenstraße mit darunterliegenden Parkständen. Die nächste Etappe zur Schließung des City-Rings bildet der Österreichische Platz, ein erster Knoten, der den Autoverkehr auf zwei Ebenen abwickelt. Den amerikanischen Vorbildern ent-

Ausbau zur Stadtautobahn mit zwei Ebenen: die Bundesstraße 14 am Österreichischen Platz

Niveaugleiche Kreuzung: Theodor-Heuss-Straße/Rotebühlplatz (rechts)

spricht der Gebrauch der Begriffe "fly under" und "fly over". Große Sorgen bereitet inzwischen auch der ruhende Verkehr in der Innenstadt, droht doch der wirtschaftliche Niedergang des Zentrums ohne ausreichenden Parkraum. 1957 fordert die Bauverwaltung, daß nach ihren Prognosen 45 Parkierungsbauwerke in der Innenstadt errichtet werden müssen. Als alternative Lösungen bieten sich Parkhäuser und später verstärkt Tiefgaragen an. Bei der Wahl der Standorte erscheint die Nähe zu den Citytangenten sinnvoll. Das hat zur Folge, daß zwei der ersten Parkhäuser in direkter Nachbarschaft zur mittelalterlichen Leonhardskirche errichtet werden. Skurril muten in diesem Zusammenhang heute die Vorschläge von Paul Bonatz an, die von Cannstatt kommende B 14 als "Parkway" durch den Schloßgarten zu führen.

Generalbebauungsplan 1956

Mit dem Generalbebauungsplan von 1956 erhält die Stadtplanung den ersten Flächennutzungsplan für das gesamte Stadtgebiet. Auch hier stehen Fragen des Verkehrs im Vordergrund, wie die Verbesserung oder Neuschaffung von drei Verkehrsgelenken am Pragwirtshaus, am Schwanenplatz und bei Kaltental.

Geplanter kreuzungsfreier Ausbau der Bundesstraßen 10 und 27 am Pragsattel (1972)

Straßenbahntrassen im Untergrund

Dabei wird auch langsam deutlich, daß ein noch so großzügiger Straßenbau allein die schnelle Erreichbarkeit des Zentrums nicht gewährleisten kann. Zur Ergänzung soll ein attraktives und leistungsfähiges öffentliches Nahverkehrssystem angeboten werden. Aus diesem Grund gibt die Stadt ein Gutachten in Auftrag, dessen Ergebnisse Entscheidungshilfen für die weitere Verkehrsplanung geben sollen. Diese 1959 abgeschlossene Studie geht von potentiell 770 000 Einwohnern auf Stuttgarter Gemarkung aus und prognostiziert für die Randgemeinden ein noch größeres Bevölkerungswachstum. Kritisiert wird die fortschreitende Konzentration von Geschäften, Verwaltungen und Dienstleistungsbetrieben in der City, die dort eine kaum zu bewältigende Verkehrsballung verursachen. Neben der Anpassung des Straßennetzes an das zu erwartende Verkehrsaufkommen schlagen die Gutachter den Bau einer U-Straßenbahn vor, die auf einem eigenen Gleiskörper verkehrt und in der City entlang der Tangenten im Untergrund geführt wird. Für eine reine U-Bahn, wie sie die Stadt ins Auge gefaßt hatte, fehlt das nötige Fahrgastaufkommen.

Mehrgeschossige Verkehrsknoten

Mit der Verlegung des Schienenverkehrs in die untere Ebene stehen die Hauptverkehrszüge im Zentrum ganz dem Kraftfahrzeug zur Verfügung. Die Knotenpunkte werden in mehreren Ebenen ausgeführt, um alle Verkehrssysteme reibungslos aneinander vorbeifließen zu lassen. Bestes Beispiel für eine auf diese Weise entknotete Verkehrsdrehscheibe ist der Charlottenplatz. Demselben Ansatz folgen die immer zahlreicher entstehenden Fußgängerunterführungen. Die erste wird mit großen Worten 1955 vor dem Hauptbahnhof eröffnet.

S-Bahn-System

Für die weitere Verkehrsplanung ist der Vorschlag zum Bau einer Vorort-Schnellbahn von großer Bedeutung. Sie soll den mittleren Neckarraum konzentrisch erschließen und unterirdisch zunächst nur bis zum Rotebühlplatz verlaufen. Bereits Mitte der 60er Jahre sind Streckenverlauf und Stationen weitgehend festgelegt. Die Endstationen liegen mit Bietigheim, Backnang, Schorndorf, Plochingen, Weil der Stadt und Böblingen im weiteren Umland. Vom Hauptbahnhof aus verläuft die Strecke unterirdisch durch das Zentrum und den Westen (mit Haltepunkten am Rotebühlplatz, am Feuersee und in der Schwabstraße) nach Vaihingen, um dort die Linie der Gäubahn wieder aufzunehmen. Damit verliert der Hauptbahnhof im Nahverkehrsbereich seine Funktion als Endstation. Hohe Kosten und die Frage der Kostenverteilung lassen noch fast zwei Jahrzehnte verstreichen, bis das S-Bahn-System in seiner ersten Stufe benutzt werden kann.

Schulbauten

Eine der vordringlichsten Aufgaben nach dem Krieg ist es, den Mangel an Unterrichtsstätten abzubauen. Auch hier sorgt die wirtschaftliche Entwicklung für einen wahren Bauboom. Bereits 1960 kann der 50. Schulneubau nach dem Krieg eingeweiht werden, während nur 33 Schulen bei Luftangriffen zerstört oder beschädigt worden waren. Als zeitgemäß funktionale Beispiele seien nur die Silcherschule im neuen Stadtteil Rot und der Neubau des Friedrich-Eugen-Gymnasiums in der Silberburgstraße genannt.

Bereicherung der Stadtsilhouette: der Fernsehturm, geplant von Fritz Leonhard und Erwin Heinle

Campus-Universität

1955 fällt die Entscheidung, einen Teil der Technischen Hochschule als Campus-Universität in den Pfaffenwald bei Vaihingen zu verlegen, um hier die Möglichkeiten einer ungehinderten Ausdehnung auf landeseigenem Gelände zu nutzen. Auch diese Maßnahme folgt dem planerischen Konzept einer funktionalen Entmischung. Als Ideal gilt die räumliche Konzentration bestimmter Einrichtung bei gleichzeitigem Ausschluß anderer Nutzungen, die ein reibungsloses Funktionieren in Frage stellen könnten. Dieser Planungsgrundsatz übersieht, daß gerade die Überlagerung verschiedenster Funktionen ein wesentliches Element der Urbanität darstellt. Auch die Verlegung großer Teile der Hochschule an den Rand bedeutet einen empfindlichen Substanzverlust für das sich kommerzialisierende Stadtzentrum.

Kulturbauten

Mit steigendem Wohlstand wächst auch der Wunsch der Bevölkerung nach Einrichtungen, die über die existentiell notwendigen Lebensbereiche hinausgehen. So entstehen ab Mitte der 50er Jahre zahlreiche Neubauten, die der Kultur, der Bildung oder Erholung dienen. Das 1958 von Werner Gabriel errichtete Leo-Vetter-Bad in Ostheim, das erste in der Reihe der Hallenbäder nach dem Krieg, kann auch als Zeichen für eine sich herausbildende Wohlstandsgesellschaft gesehen werden. Von großer kultureller und architektonischer Bedeutung ist die 1955/56 auf einem geräumten Baublock als freiplastischer Baukörper errichtete Liederhalle der Architekten Rolf Gutbrod und Adolf Abel. Ein weiterer, das neue Stadtbild prägender Bau, entspringt dagegen technischen Notwendigkeiten: Es handelt sich um den von Fritz Leonhardt konzipierten Fernsehturm auf dem Hohen Bopser, der die Silhouette der Stadt auf eine zunächst ungewöhnliche Art und Weise bereichert.

Solitär am Berliner Platz: die Liederhalle von Rolf Gutbrod und Adolf Abel

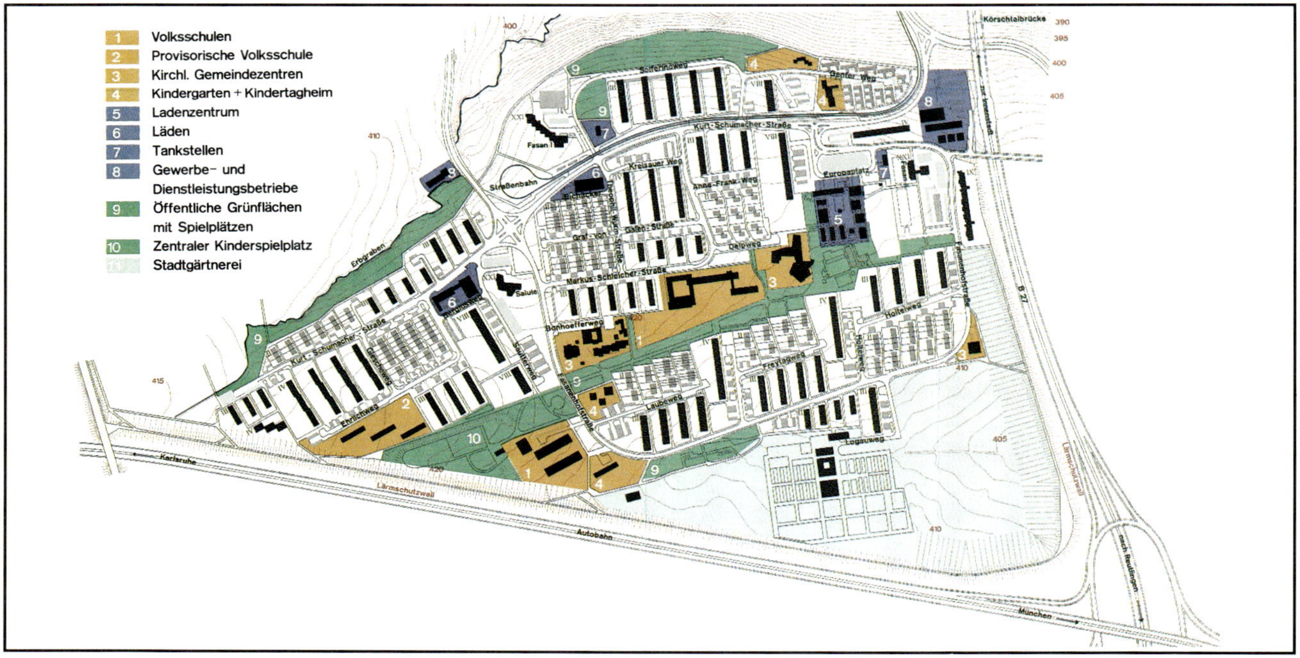
1 Volksschulen
2 Provisorische Volksschule
3 Kirchl. Gemeindezentren
4 Kindergarten + Kindertagheim
5 Ladenzentrum
6 Läden
7 Tankstellen
8 Gewerbe- und Dienstleistungsbetriebe
9 Öffentliche Grünflächen mit Spielplätzen
10 Zentraler Kinderspielplatz
11 Stadtgärtnerei
Körschtalbrücke
Kurt-Schumacher-Straße
Europaplatz
Straßenbahn
Karlsruhe
Lärmschutzwall
Autobahn
München
B 27

Trabantenstädte auf der grünen Wiese

Wohnungsmangel

Auch 15 Jahre nach Kriegsende ist der Mangel an Wohnungen nicht behoben, so daß sich die Mietpreise den Marktgesetzen entsprechend auf sehr hohem Niveau bewegen. Leidtragende dieser Entwicklung sind die unteren Einkommensgruppen, die sich häufig keine geeignete Wohnung leisten können. Diese Situation zwingt dazu, über den öffentlich geförderten sozialen Wohnungsbau funktionsfähige und preiswerte Wohnungen in großer Zahl zu erstellen, wobei der Schwerpunkt eindeutig auf der Quantität liegt. Durch die Verwendung industriell rationalisierter Bautechniken sollen die Kosten auf zeitgemäße Weise verringert werden. Die ersten großen Erweiterungen in den Außenbezirken, Rot und Giebel, werden noch schrittweise geplant und verwirklicht. Auch die notwendigen Versorgungseinrichtungen kommen dabei erst nach und nach hinzu.

Mönchfeld

In Anlehnung an ausländische Beispiele wie die New Towns in England entstehen in der jetzt folgenden Phase des Wohnungsbaus Trabantenstädte auf der grünen Wiese, die freilich überwiegend als Wohnsiedlungen konzipiert sind. An eine ergänzende Ansiedlung von Gewerbe ist zunächst nicht gedacht. Ab 1956 wird die oberhalb von Mühlhausen gelegene Siedlung Mönchfeld nach dem bekannten Zeilenschema errichtet. Doch wird dieses System hier durch fächerförmige Anordnung der Gebäudezeilen und gewundene Erschließungsstraßen variiert. Der Gefahr einer Gleichförmigkeit der Siedlung sollte durch mehrere Punkthochhäuser entgegengewirkt werden. Zur gleichen Zeit erhält der Stadtteil Rohr am anderen Ende der Stadtgemarkung mit der Siedlung Dürrlewang ein Appendix.

Fasanenhof

Exemplarisch für den Typus der isolierten Wohnstadt im Grünen erscheint der ab 1960 für 10 000 Einwohner errichtete Fasanenhof südlich von Möhringen. Auf bisher landwirtschaftlicher Nutzfläche wächst innerhalb von fünf Jahren ein durch unterschiedliche Bautypen gegliederter, selbständiger Stadtteil, der sowohl eine kleine Zahl konventioneller Einfamilienhäuser als auch einige Wohntürme umfaßt. Den größten Teil der Siedlung erschließt ein umlaufender Ring, von dem aus Stichstraßen ins Innere führen. Die Versorgungseinrichtungen konzentrieren sich an ei-

Zeilenbauweise, Grünkorridor und Punkthochhäuser: der Fasanenhof (Abb. links)

Reihenhäuser der Siedlung Aspen in Botnang, geplant von Hans Kammerer und Walter Belz (1963 – 65)

1 Grund- und Hauptschule
2 Gymnasium und Realschule
3 Sporthallen
4 Sonderschule
5 Grundschule
6 Turn- und Versammlungshalle
7 Jugendhaus
8 Zentrales Spielgelände
9 Sportplätze
10 Sportheime
11 Freizeitheim
12 Altersheim
13 Kindergärten und Tagheime
14 Tankstellen
15 Frauen- und Studentinnenwohnheim
16 Rehabilitationszentrum
17 Ladenzentrum
18 Läden und Büros
19 Kirchliche Gemeindezentren
20 Gewerbe- und Dienstleistungsbetriebe
21 Öffentliche Grünfläche mit Spielplätzen

nem diagonal verlaufenden Grünkorridor, das Ergebnis konsequenter Trennung von Funktionen auch innerhalb einer reinen Wohnsiedlung. Ausblicke und Durchblicke sollen durch die Parallelstellung der Gebäudezeilen in Nord-Süd-Richtung ermöglicht werden. Mit seiner inzwischen grün eingewachsenen Weitläufigkeit zählt der Fasanenhof zwar nicht zu den außergewöhnlichen Beispielen modernen Siedlungsbaus, dennoch sind hier Wohnqualitäten vorhanden, die spätere Quartiere nicht mehr aufweisen.

Freiberg

Von seiner flächenmäßigen Ausdehnung nicht größer als der Fasanenhof, erscheint die als nächste begonnene Wohnstadt Freiberg doch in vieler Hinsicht anders als die vorhergehenden Großsiedlungen. Die topographische Situation und die darauf eingehende Verteilung der verschiedenen Bautypen, die einheitlich flachen Dächer und die unabhängig von der erschließenden Straßenschleife gruppierten Baukörper lassen Prinzipien des Weißenhofs erkennen. Der Maßstab hat sich freilich wesentlich geändert. Die im Fasanenhof vermißte Urbanität soll jetzt durch eine weitere bauliche Verdichtung erreicht werden, die mit hoher Grundstücksausnutzung den steigenden Baulandpreisen Rechnung trägt und auch den Bauträgern nicht unerwünscht ist. Gleichzeitig soll die Beziehung der Wohnungen zu Licht, Luft und Sonne erhalten bleiben. Als Lösung bietet sich das Hochhaus an, das zu einer Scheibe auswächst und keine vereinzelte Dominante mehr bildet. So entstehen unterschiedlich hohe, versetzt zueinander angeordnete Scheiben, die mit ihrer Südwest-Orientierung die besondere Aussichtslage ins Neckartal ausnutzen. Mit der massierten Bebauung erhält die Siedlung größere zusammenhängende Freiflächen im Umfeld der Hochhäuser. Außer diesen Wohnungsstapeln umfaßt der Stadtteil auch eine ganz andere, teppichhafte Flachbebauung an der Oberkante des von Weinbauterrassen bestimmten Neckarhanges, die vorwiegend für die über Nacht reich gewordenen ehemaligen Grundstücksbesitzer gedacht ist. In der neckarabgewandten Zone verbergen sich einige einfache viergeschossige Zeilenbauten. Beabsichtigt ist auch eine vollständige Trennung von Kraftfahrzeug- und Fußgängerverkehr mit Unterführungen an den Überschneidungspunkten. Nicht bewältigt sind bis heute die großen Freiflächen zwischen den Hochhäusern, die in ihrer Undefiniertheit eine Aneignung durch die Bewohner nicht fördern und trotz hoher Wohndichte alles andere als die erwünschte lebendige Atmosphäre ausstrahlen.

Kontraste zwischen flachen und hohen Baukörpern: der Freiberg (Abb. links)

Blick vom Max-Eyth-See zum Freiberg (1970)

Vertikal organisierte Stadt: der Asemwald (1968 – 72)

Die Erweiterungen Laihle und Spitalwald in Botnang

Asemwald

Kein anderes Großprojekt wird zehn Jahre lang so heftig diskutiert wie das von der Presse "Hannibal" getaufte Projekt Asemwald unweit des dörflichen Birkach. Schon 1957 tauchen Vorschläge auf, in Stuttgart eine Wohnmaschine Corbusierscher Prägung zu erstellen. Die Verfechter führen die niedrigen Grundstücks- und Erschließungskosten ins Feld und wollen eine gleichwertige Alternative zur bedrohlich zugenommenen Zersiedelung durch Einfamilienhäuser schaffen. Die Gegner reden von Wohnungsautomat und Termitenstadt und befürchten eine Vermassung und Isolierung der Menschen in derartigen Bauwerken. In der langen Planungszeit ändern sich die Pläne mehrfach: Aus einer 650 Meter langen Scheibe, die erst geknickt und dann geteilt wird, entstehen drei versetzte Baukörper mit über 20 Geschossen für 3 000 Einwohner. Jedes Gebäude beherbergt als vertikale Stadt verschiedenartige Wohnungen, Gemeinschaftseinrichtungen und Einkaufsmöglichkeiten. Das vielschichtige Wohnungsangebot, die Lage mitten im Wald und die Tatsache, daß die Bewohner diese Art des Wohnens aus freien Stücken gewählt haben, verschonen den Asemwald davor, in Verruf zu geraten. Er hat sich im Gegenteil bis heute als eine geschätzte Wohnanlage erwiesen.

Rückkehr zu geschlosseneren Stadträumen: die 1968 – 70 errichtete Siedlung Lauchhau am Rande von Vaihingen

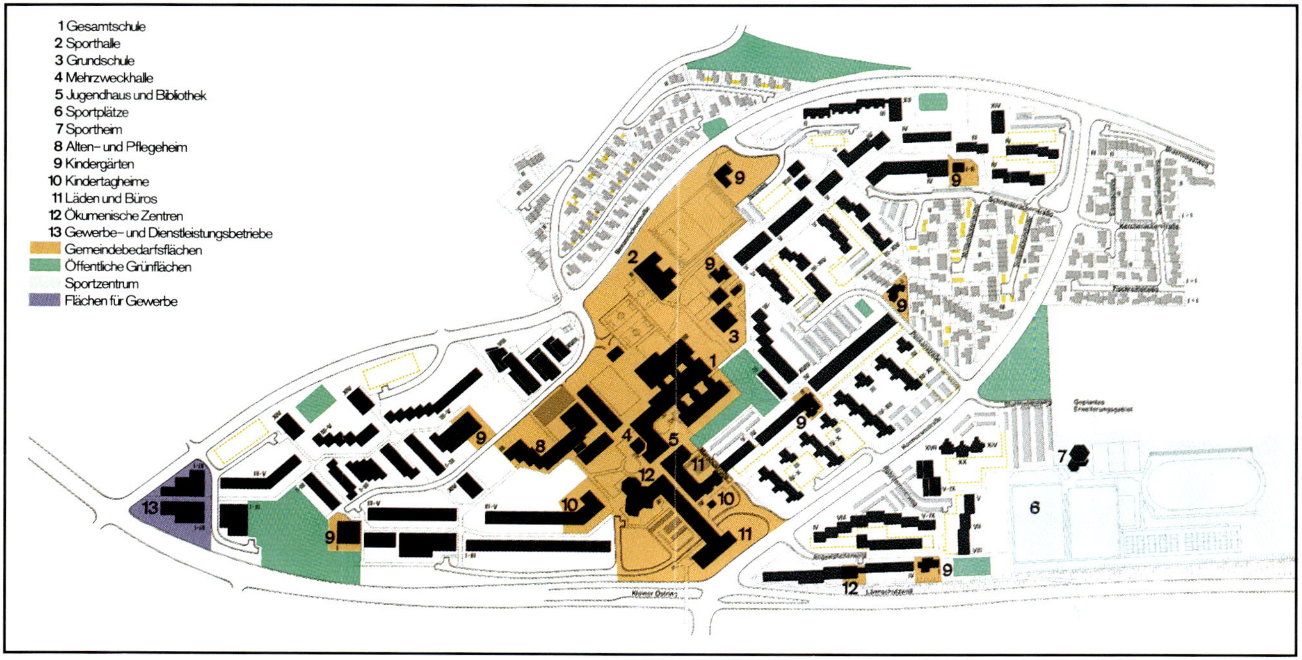
1 Gesamtschule
2 Sporthalle
3 Grundschule
4 Mehrzweckhalle
5 Jugendhaus und Bibliothek
6 Sportplätze
7 Sportheim
8 Alten- und Pflegeheim
9 Kindergärten
10 Kindertagheime
11 Läden und Büros
12 Ökumenische Zentren
13 Gewerbe- und Dienstleistungsbetriebe
Gemeindebedarfsflächen
Öffentliche Grünflächen
Sportzentrum
Flächen für Gewerbe

Lauchhau

Die nächste Entwicklungsstufe im Siedlungsbau markiert die von 1968 bis 1970 zwischen Vaihingen und Büsnau errichtete Siedlung Lauchhau. Um hier der Gestaltarmut und der Monotonie, die viele Siedlungen des sozialen Wohnungsbaus kennzeichnet, zu begegnen, staffelt man die Gebäude in Grund- und Aufriß. Die für 1 700 Bewohner geplante Anlage gruppiert sich um einen zentralen Hof, der auch Standort für die Gemeinschaftseinrichtungen ist. Damit ist eine Abkehr von den offenen Siedlungsstrukturen vollzogen worden. Die städtebaulichen Leitbilder orientieren sich von nun an wieder stärker an geschlossenen Raumvorstellungen. Damit kündigt sich auch die Renaissance der historischen Stadt bereits an.

Neugereut

Im vorläufig letzten neuen Stadtteil, dem oberhalb von Hofen gelegenen Neugereut, werden diese Ansätze weitergeführt. Aufgrund des neuartigen Bodenordnungsverfahrens, das als "Stuttgarter Modell" eine freiwillige Flächenumlegung anstrebt, fördern Bund und Land das Bauvorhaben. Daneben soll gezeigt werden, daß man aus den Fehlern früherer Trabantensiedlungen gelernt hat. So wird größter Wert auf gestalterische Vielfalt gelegt, was an manchen Stellen zu einem angestrengt wirkenden Formen- und Farbenspiel führt. Große, undifferenzierte Grünflächen verschwinden zugunsten von kleinräumigen Höfen und Wegen, die wieder Nachbarschaft ermöglichen sollen. Eine weitere Differenzierung bringt auch die Mischung mehrerer Bautypen mit sich: In der Nachbarschaft höchst unterschiedlich konzipierter Geschoßwohnhäuser befindet sich eine Kette von Terrassenhäusern. Auch das am Rand angeordnete "Schnitz" genannte Terrassenhaus von Peter Faller und Hermann Schröder kann als Prototyp für ein gleichermaßen platzsparendes wie qualitätvolles Wohnen gelten.

Erweiterung bestehender Stadtteile

Parallel zu diesen autonomen Siedlungseinheiten vollzieht sich die Erweiterung bestehender Stadtteile. Typische Beispiele aus den frühen 70er Jahren sind die Siedlungen Laihle und Spitalwald bei Botnang, die komfortablen Terrassenhäuser in Heumaden-Hochholz oder die wieder abschnittsweise geplante Siedlung Salzäkker bei Möhringen.

Differenzierung durch eine Vielfalt von Bautypen: Neugereut, 1976 (Abb. links)

Stadtrand in Neugereut, eine Gestaltungsaufgabe für die Zukunft

Liederhalle
Universität
Rotebühlbau
Hauptbahnhof
Schloßplatz
Stiftskirche
Altes Schloß
Neues Schloß
Rathaus
Staatstheater
Landtag
Staatsgalerie
Leonhards-Kirche
Charlottenplatz
0
50
100
200

Umdenkprozesse

Verstädterungsprozeß

Die ständig wachsenden Verflechtungen zwischen der Stadt und ihrem Umland lassen eine isolierte Betrachtung der Stadt Stuttgart innerhalb ihrer Gemarkungsgrenzen weniger denn je zu. Denn längst sind die Zeiten vorbei, in denen die Mobilität der Bevölkerung an der Stadtgrenze haltmachte. Mit den neuen, schnellen Massenverkehrsmitteln wie der S-Bahn vergrößert sich der funktionell zusammengehörige Raum. Das im weiteren Umland liegende Bietigheim ist heute weniger als 20 S-Bahn-Minuten vom Hauptbahnhof entfernt, liegt also de facto näher als der Fasanenhof. So kann es nicht ausbleiben, daß sich viele Städter auf den preiswerten Böden der ehemaligen Dörfer und Kleinstädte im Remstal, im Strohgäu, am Rande des Schönbuchs oder im Schwäbischen Wald den Traum vom Eigenheim im Grünen erfüllen. Sie setzen dort einen Verstädterungsprozeß in Gang, der Siedlung und Landschaft in ihrem Gepräge völlig verändert. Um den auch im Umland stark steigenden Bodenpreisen auszuweichen, ergießt sich der Strom der "Häuslesbauer" in immer entlegenere Gemeinden.

Regionalverband

Der seit 1973 existierende Regionalverband Stuttgart versucht, mit Hilfe des Regionalplans ein Entwicklungskonzept für den gesamten Verdichtungsraum festzulegen. Das Planungsgebiet umfaßt den Stadtkreis Stuttgart und die Landkreise Ludwigsburg, Böblingen, Esslingen und Göppingen sowie den Rems-Murr-Kreis. Mit der Formulierung mehrerer Entwicklungsachsen soll eine weitere ungesteuerte Ausbreitung der Siedlungsflächen vermieden werden. Zu den räumlichen Entwicklungszielen zählt auch das Freihalten zusammenhängender Grünflächen und die Pflege der für diesen Raum typischen polyzentralen Siedlungs- und Erwerbsstruktur. Tatsächlich unterliegen aber gerade die zu schützenden Räume zwischen den Entwicklungsachsen einer starken Besiedelung, bedingt durch die Tatsache, daß einzelne Gemeinden bei der Ausweisung von Bauland andere Ziele verfolgen als der Regionalverband.

Das Verkehrsnetz der Innenstadt heute. Nach Fertigstellung der Citytangenten kann der Autoverkehr im Stadtzentrum zurückgedrängt und ein Netz von Fußgängerzonen geschaffen werden (Abb. links)

Zunahme der bebauten Flächen im Stadtgebiet

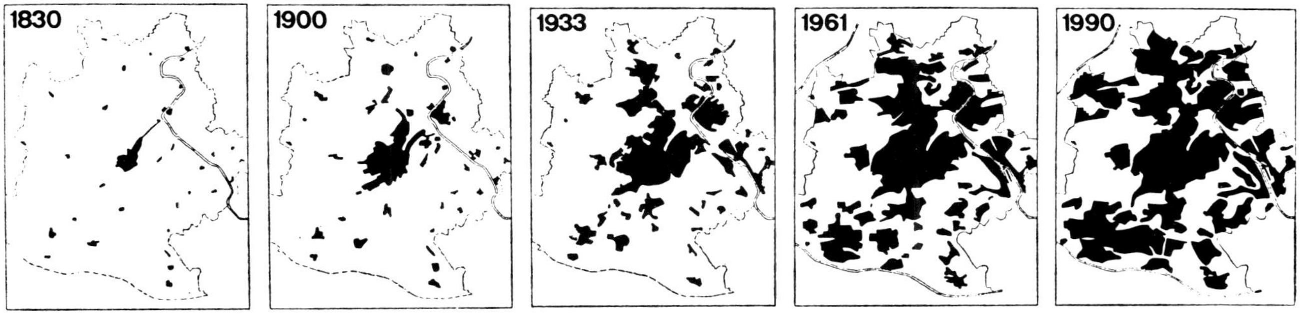

Bebauungsvorschlag für das Schwabenzentrum von Paul Stohrer und Hans Scharoun, 1969

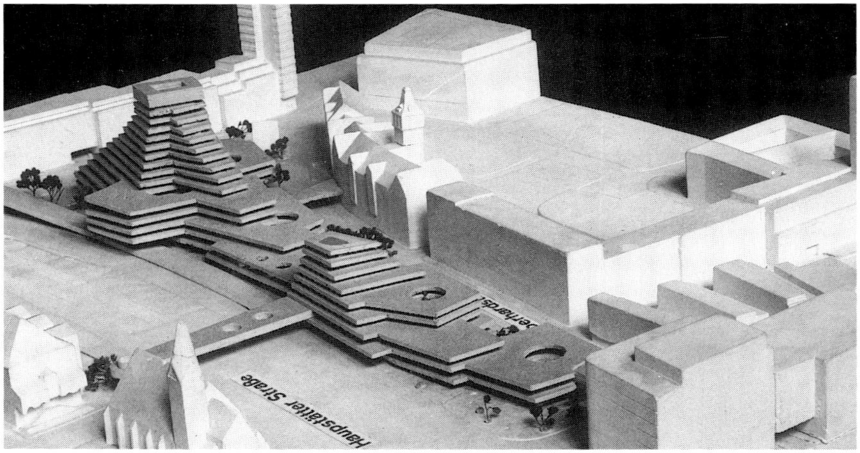

Fast ausschließlich Büronutzung: das Stadtzentrum zwischen Universität und Kriegsberg, im Hintergrund das GENO-Haus

Das Autobahnkreuz Stuttgart-Vaihingen mit der IBM-Hauptverwaltung (Architekt: Egon Eiermann)

Stadtflucht

In diesem größeren Rahmen behält Stuttgart seine zentralen Funktionen. Doch diese Zentrale hat ihre eigenen Probleme. Denn während die offenen Baugruben an vielen Stellen der Innenstadt darauf hinweisen, daß man mit dem Ausbau des Verkehrssystems voll und ganz beschäftigt ist, vollzieht sich innerhalb des Kessels ein Strukturwandel. Viele angestammte Bewohner verlassen die alten, innenstadtnahen Wohngebiete, die durch Lärm, Abgase und fehlende Freiflächen mehr und mehr an Wohnqualität verlieren. Diese Stadtflucht wird zunächst dadurch verdeckt, daß Ausländer in die wenig begehrten Viertel nachrücken und mit eigenen Kneipen und Läden vielen Altbauquartieren zu neuem Leben verhelfen. Von der Verslumung ist die Stadt insbesondere dort betroffen, wo sich die radial eingeführten Hauptverkehrslinien durch dichtbebaute Wohnquartiere zwängen und diese praktisch unbewohnbar machen. Das gilt besonders für die in einem Doppelzug mitten durch Heslach geführte B 14. In ähnlicher Weise leidet Bad Cannstatt unter dem enormen Durchgangsverkehr in Richtung Nordosten, der diesen größten Stadtteil durchquert.

Cityerweiterung

Eine andere Konkurrenz für das Wohnen in der Stadt bilden die Standortwünsche des expandierenden Verwaltungs- und Dienstleistungssektors. Beliebtes Nachfragegebiet ist der innenstadtnahe und hervorragend erschlossene Westen. Erst in der weitläufigeren Bebauung der oberen Kessellänge und in den zentrumsfernen Stadtvierteln wie Ostheim oder Botnang verringert sich der Umnutzungsdruck. Zwei umstrittene Beispiele für die Ausdehnung der City sind das die Karlshöhe abriegelnde Verwaltungsgebäude der Allianz sowie der verspiegelte Turm des GENO-Hauses an der Heilbronner Straße. Beide Bauwerke ignorieren den Maßstab der Umgebung und beeinträchtigen das empfindliche Luftaustauschsystem im Kessel.

Dezentralisierung der Arbeitsstätten

Um dem stark beanspruchten Zentrum und den damit verbundenen Verkehrsproblemen zu entgehen, werden im Laufe der 60er Jahre auch verkehrsgünstig gelegene Grundstücke am Stadtrand für die Industrie attraktiv. Einen solchen Weg beschreitet zum Beispiel die Firma Bosch, die ihren alten Stammsitz in der Nähe der Liederhalle aufgibt und ihre Zentrale auf die Gerlinger Schillerhöhe verlegt. Auch die Ansiedlung der IBM-Hauptverwaltung am Autobahnkreuz Stuttgart-Vaihingen folgt dieser in den USA schon länger praktizierten Lösung. Problematisch ist in beiden Fällen das Eindringen der Bebauung in zusammenhängende Naturgebiete sowie die schlechte Erreichbarkeit mit öffentlichen Verkehrsmitteln. Für eine stärkere Verknüpfung nichtstörender Betriebe mit Wohnsiedlungen gibt es erst bescheidene Ansätze wie das 1975 in Freiberg errichtete Verwaltungsgebäude der Landesversicherungsanstalt.

Aktivierung von Brachflächen

Seitens der Stadtplanung ist man bemüht, dem expandierenden Tertiärgewerbe die notwendigen Ausdehnungsmöglichkeiten zu sichern, ohne die Konzentration von Arbeitsstätten in der City weiter zu vergrößern. Bis zu einem gewissen Grad können dabei Gewerbebrachen aktiviert werden. Ein gutes Beispiel für eine abgeschlossene Neubelegung ist das in den 70er Jahren geplante Dienstleistungszentrum am Löwentor.

Umbau der Innenstadt nach barocken Raumvorstellungen: Vorschlag von Rob Krier, 1975

Eine Stadt in der Stadt: der Universitäts-Campus am Rande von Vaihingen (1976)

Flächennutzungsplan 1974

Unter dem Eindruck des stetigen Bevölkerungswachstums von 505 000 Einwohner (1950) auf 640 000 (1962) und der Trendwende mit einem seit 1963 andauernden Einwohnerrückgang wird in den Jahren 1967 bis 1971 der zweite Flächennutzungsplan nach dem Krieg aufgestellt. Sein Ziel ist die Darstellung eines größtmöglichen Wachstumsangebots ohne die Festlegung eines Zieljahres. Dementsprechend sieht er die maximale Erweiterung der Bauflächen, zahlreiche neue Verkehrswege sowie zusätzliche Mischnutzungen in Bestandsgebieten vor.
Mit derartigen zeitlich und finanziell nicht eingeschränkten Vorgaben wird auf dem Grundstücksmarkt eine hohe Erwartung erzeugt, die später Korrekturen erforderlich macht, zum Beispiel bei Umnutzungsvorgängen im Stuttgarter Westen oder der Erschließung von Neubauflächen über freiwillige Bodenordnungen. Im Flächennutzungsplan 1974 ist vorgesehen, für 192 000 Einwohner Wohnraum in Neubauflächen bereitstellen zu können und eine Einwohnerzahl von 750 000 zu erreichen. In der 1974 ausgesprochenen Genehmigung wird die Einwohnerzahl jedoch auf maximal 640 000 festgelegt.

Flächensanierung

Neben der Stadterweiterung erlangt im Laufe der 70er Jahre die Sanierung bestehender Stadtviertel immer größere Bedeutung. Mit Hilfe des Städtebauförderungsgesetzes kann die Kommune seit 1971 in Vierteln mit erheblichen sozialen und funktionalen Problemen aktiv eingreifen. Zunächst verstehen sich derartige Erneuerungsmaßnahmen vor allem als Flächensanierungen, bei denen quartierweise die vorhandene Bausubstanz abgeräumt wird, um Nutzung und Verkehr neu ordnen zu können. Eine solche Vorgehensweise bedroht besonders die alten Wohnviertel und Ortskerne, die vom Krieg und der Neubautätigkeit der Nachkriegszeit verschont worden sind. Das gilt in besonderem Maße für die Randbereiche der Innenstadt, die man als Reserveflächen für die City ansieht. Vor nicht allzu langer Zeit sollte zum Beispiel das Bohnenviertel einem neuen Verwaltungszentrum mit einem Technischen Rathaus Platz machen. Doch mit der infolge der Ölkrise 1973 einsetzenden Wirtschaftsrezession gerät die Ausführung eines derart umfangreichen Stadtumbaus ins Stocken.

Bürgerinitiativen

Zuerst sind es Teile der Bevölkerung, die sich in Bürgerinitiativen gegen den weiteren Straßenbau und die befürchtete Umnutzung angestammter Wohnviertel zu wehren versuchen. Denn kaum fertiggestellt, kann man die Ergebnisse des "autogerechten" Städtebaus anhand der City-Tangenten studieren: Die Bündelung des Straßenverkehrs schafft Barrieren, die bisher zusammenhängende Stadtorganismen trennen. Der historische Stadtgrundriß ist empfindlich gestört – der Friedrichsplatz sei hier nur als Beispiel erwähnt – und die Bewohnbarkeit der Stadt erscheint im Umfeld solcher Stadtautobahnen oder Konzentrationen von Bürokomplexen in Frage gestellt.
Auch das seit dem Krieg verfolgte Planungsziel der konsequenten Funktionstrennung gerät ins Wanken. Generell als ungelöst gilt nach wie vor das Problem der "Schlafstädte" und die immer einseitigere Nutzung der Innenstädte, die während der Geschäftszeiten von Menschen überlaufen, abends und an Wochenenden dagegen leer stehen.

Die Königstraße als Fußgängerzone, gestaltet nach Plänen von Behnisch und Partner (1983)

Bundesgartenschau 1977

Mit der 1977 stattfindenden dritten Gartenschau nach dem Krieg – 1950 war mit einer ähnlichen Veranstaltung der kriegsbeschädigte Killesbergpark wieder hergestellt worden und 1961 erfolgte eine Umgestaltung des Oberen und Mittleren Schloßgartens – wird ein wichtiger Schritt hin zu einer Aufwertung bestehender Frei- und Erlebnisräume in der Stadt getan. Neben der Neugestaltung des Unteren Schloßgartens mit dem anschließenden Neckarufer entstehen neue Verbindungslinien zu den angrenzenden Stadtvierteln. Die im Tunnel geführte B 14 ermöglicht eine parkartige Anbindung des Schloßgartens an den Stadtteil Berg.

Fußgängerzonen

Anläßlich dieser Bundesgartenschau schließen sich auch die großen Baugruben, die fast ein Jahrzehnt das Bild der Innenstadt bestimmt haben. Die Fertigstellung der City-Tangenten und der unterirdischen Straßenbahntrassen ermöglicht es jetzt, große Teile der Innenstadt dem Fußgänger zurückzugeben. Zunächst provisorisch eingerichtet, werden die neugeschaffenen Aufenthaltsräume von der Bevölkerung rasch angenommen und erweisen sich zudem als gute Geschäftslagen.

Wohnstraßen

1977 präsentieren sich der Markt- und der Schillerplatz mit den angrenzenden Straßen, der Schloßplatz und die Untere Königstraße bereits in ihrer neuen Gestalt. In geringerem Umfang kommt das Prinzip der autofreien, reinen Fußgängerzone danach auch in den Hauptgeschäftsbereichen der Vorstädte zur Anwendung. Als eine Maßnahme zur Verkehrsberuhigung dient die Aufhebung der fixierten Funktionstrennung im Straßenraum (Fahrzeugverkehr, Parkflächen, Fußgänger) und die Schaffung von Mischflächen, eine vorwiegend für Wohngebiete angewandte Lösung.

Wandel der Leitbilder

In dieser Phase der Neuorientierung ändern sich auch die städtebaulichen Leitbilder. Nachdem der Wiederaufbau eine zweckmäßig nüchterne Stadt hinterlassen hat, wächst der Wunsch nach einprägsamen Stadträumen, die neben der Orientierung auch eine Identifikation mit der Stadt erleichtern. In dieser Hinsicht sind im Zentrum Stuttgarts große Defizite zu beklagen. Nostalgische Vergleiche der heutigen Stadtbilder mit Aufnahmen aus der Vorkriegszeit bezeugen einen spürbaren Verlust an stadtgestalterischer Qualität. Damit erfahren die wenigen verbliebenen historischen Straßenzüge und Quartiere eine neue Wertschätzung. Ein Musterbeispiel für das städtebauliche Umdenken ist ein Entwurf, den Rob Krier 1975 zusammen mit Architekturstudenten der Universität erarbeitet. In Anlehnung an historische Vorbilder wird vorgeschlagen, die innere Stadt zu einem zusammenhängenden System geschlossener Stadträume umzubauen. Der Plan ist sehr eindrucksvoll, wenn auch ohne Realitätsbezug. Im In- und Ausland stößt er aber auf großes Interesse, da er den stadträumlichen Konzepten der Moderne die nach historischen Raumvorstellungen aufgebaute Stadt entgegenstellt.

Calwer Straße

Ein Stück Stadtreparatur wird von einem privaten Investor ab 1974 in der Calwer Straße verwirklicht. Es handelt sich dabei um eines der letzten Reste des alten Stuttgart mit der typischen Mischung von Biedermeier- und Gründerzeitgebäuden. Zwischen zehn in ihrer Substanz erhaltene Gebäude werden fünf rekonstruierte und ein modernes Gebäude eingefügt. Hinter diesem Ensemble entsteht eine

ledermode

elegante Passage, die an die klassischen Passagen des 19. Jahrhunderts erinnert. Die Nähe zu den unterirdischen Haltestellen der S-Bahn und der Stadtbahn und die Häufung von Gaststätten und exclusiven Läden lassen diese Art von Stadtbelebung schon beinahe als zuviel des Guten erscheinen. Immerhin wird der vorhandene Wohnraum erhalten, was nicht zuletzt ein Anliegen der Stadt war.

Bohnenviertel

Wie bei der Calwer Straße wird auch im Bohnenviertel über einen Wettbewerb nach neuen Lösungen gesucht. Trotz heftiger Widerstände läßt man sich nicht davon abbringen, hier ein innerstädtisches Wohngebiet neu zu schaffen. Die wesentlichen Ziele des Rahmenplans sind das Aufnehmen des historischen Stadtgrundrisses, die Bebauung der Blockränder und die Einfügung der Neubauten in den alten Baubestand. Obwohl der erste Bauabschnitt nach den Richtlinien des sozialen Wohnungsbaus entsteht, sind die Grundrisse vielfältig gestaltet und berücksichtigen die besondere Situation an der stark befahrenen Charlottenstraße. Hinter dieser als Lärmschutz dienenden Neubebauung sorgt ein umfangreiches Modernisierungsprogramm schrittweise für die Revitalisierung des gesamten Viertels. Neben der ursprünglichen Einwohnerschaft sollen auch die zahlreichen kleinen Läden und Handwerksbetriebe ihren angestammten Platz behalten. Mit der Sanierung der Gebäude geht eine Neugestaltung des öffentlichen Raumes einher. Mehrere Tiefgaragen beheben den Mangel an Stellplätzen. Die Sanierung des Bohnenviertels darf für sich beanspruchen, durch einen sensiblen Umgang mit den vorhandenen Strukturen ein Zeichen gesetzt zu haben, das den hohen Einsatz öffentlicher Mittel rechtfertigt.

Schwabenzentrum

In der Innenstadt verschwinden zu Beginn der 80er Jahre die letzten Nachkriegsprovisorien. Einen langen Planungsprozeß durchläuft dabei die Bebauung des Areals zwischen Eberhard- und Hauptstätter Straße, der lange Jahre von eingeschossigen Buden mit altstadttypischer Nutzung belegt wird. Nachdem 1970 noch ein bis zu 16-stöckiger, terrassenartig gestaffelter Baukörper nach Plänen von Hans Scharoun vorgesehen ist, löst man die Baumasse im Sinne des alten Stadtgrundrisses in vier einzelne Gebäude auf. Kennzeichen dieser unauffälligen Büro- und Geschäftshäuser sind öffentlich zugängliche Innenhöfe, in die die Unterführungen der Häuptstätter Straße münden.

Stadtreparatur in der Calwer Straße: Sanierung der historischen Gebäudezeile im Zuge eines Neubaus der Allgemeinen Rentenanstalt (Abb. links oben)

Die Calwer Passage von Hans Kammerer und Walter Belz (Abb. links)

Harmlose Architektur an prominenter Stelle: das Schwabenzentrum

Entdeckung der Stadtgeschichte: Wiederaufbau des Schellenturms 1980

Wohnbebauung mit Innenhof in Weilimdorf-Pfaffenäcker

Schließung von Stadtbrachen: innerstädtischer Wohnungsbau in der Charlottenstraße (1984)

Revitalisierung eines historischen Quartiers: das Weberplätzle im Bohnenviertel (1988)

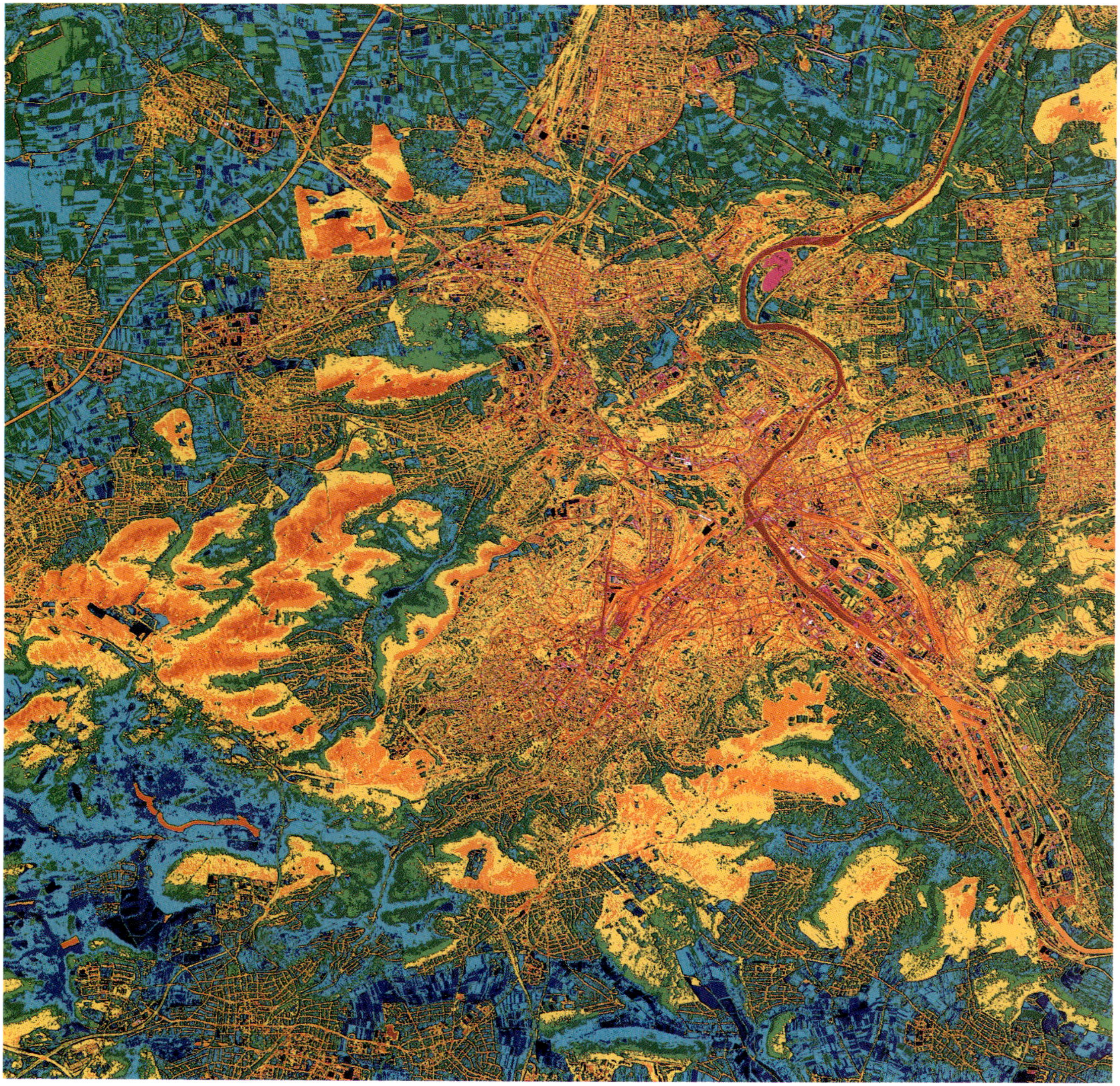

Hinweise zur Klimaplanung: das Infrarot-Wärmebild verdeutlicht unterschiedliche Oberflächentemperaturen (Abendkarte)

Entwicklungslinien in die Zukunft

Umweltbewußtsein

An der Schwelle zum Jahr 2000 stellen sich Aufgaben, die in gewisser Weise mit denen der ersten beiden Jahrzehnte nach dem Zweiten Weltkrieg zu vergleichen sind. Infolge einer anhaltend günstigen wirtschaftlichen Entwicklung zählt der Großraum Stuttgart heute zu den attraktivsten Regionen Europas. Die Nachfrage nach Wohnbau- und Gewerbeflächen nimmt weiter zu. Damit geht ein fortschreitender Urbanisierungsprozeß in der gesamten Region einher. Auch in Stuttgart stabilisiert sich die Zahl der Einwohner nach Jahren kontinuierlicher Abnahme bei etwa 550.000. Zur gleichen Zeit hat sich jedoch das Verhältnis der Menschen zu ihrer Umwelt und zu den natürlichen Lebensgrundlagen stark gewandelt. Die Öffentlichkeit reagiert sensibler denn je auf jede weitere Inanspruchnahme freier Landschaft durch Baumaßnahmen. Insbesondere stößt der Bau neuer Straßen auch dann auf Widerstand, wenn diese für die Gesamtstadt sinnvoll sein mögen. Neue Flächenausweisungen für Wohnen und Gewerbe können darüber hinaus nur noch in geringem Umfang als Ventil dienen, wenn sich die Stadt und ihr näheres Umland nicht zu einem geschlossenen Siedlungsraum entwickeln soll.

Flächennutzungsplan 1990

Entsprechend vorsichtig erfolgte die Disposition neuer Wohn- und Gewerbegebiete in dem auf das Zieljahr 1990 hin konzipierten Flächennutzungsplan, der seine Gültigkeit jedoch noch einige Zeit behalten wird. Zur Eindämmung des Landschaftsverbrauchs wurde gegenüber den Festschreibungen von 1974 auf über 1.000 ha Siedlungsfläche verzichtet. Nach der Bebauung der noch verfügbaren Erweiterungsflächen werden 55 % der Markung besiedelt sein. (Zum Vergleich: Im Jahre 1900 waren es lediglich 6 %, 1950 bereits 28 %). Parallel zum Flächennutzungsplan verlangt das Naturschutzgesetz von Baden-Württemberg die Aufstellung eines Landschaftsplanes. In ihm wurden 1981 erstmalig alle Faktoren zusammengetragen, die eine ökologische Bewertung von Baumaßnahmen ermöglichen. Träger dieses Planwerks ist der aus der Gemeinde- und Verwaltungsreform 1976 hervorgegangene Nachbarschaftsverband Stuttgart, ein Zusammenschluß von 28 Städten und Gemeinden, der sich in die Bereiche Böblingen, Esslingen, Leonberg, Ludwigsburg, Stuttgart und Waiblingen/Fellbach gliedert. In diesem Verdichtungsraum leben gegenwärtig knapp 1,3 Millionen Menschen auf einer Fläche von 895 qkm.

Klimaplanung

Seit den künstlichen Vernebelungen während des Zweiten Weltkriegs liegen Erkenntnisse über den Verlauf bodennaher Luftströme im Bereich des Stadtkessels vor. Die dabei gewonnenen Erfahrungen konnten auch für die Wiederaufbauplanung genutzt werden, wobei damals schon einer besseren Durchlüftung des Kessels große Bedeutung zugemessen wurde. Inzwischen sind die klimatischen Verhältnisse nicht nur in den von Inversionswetterlagen besonders betroffenen inneren Stadtgebieten bedenklich, der zunehmende Kraftfahrzeugverkehr führt auch im Neckartal, in Cannstatt, Feuerbach und teilweise auf den Fildern zu hohen Schadstoffwerten in der Luft. Nachdem eine spürbare Reduzierung der Emissionen nur längerfristig realisierbar zu sein scheint, müssen die Voraussetzungen für ein funktionierendes Luftaustauschsystem weiter verbessert werden. Dabei gilt ein

Baustein zu einer Kulturmeile: die 1984 eröffnete Neue Staatsgalerie (Architekt: James Stirling)

Freizeitlandschaft am Neckar: das Mineralbad Leuze

Städtische Kunsthalle am Kleinen Schloßplatz. Prämierter Entwurf von Cobb/Pei and Partners, 1987

Hauptaugenmerk dem Freihalten von Luftströmungslinien aus der freien Landschaft in die dicht bebauten Siedlungsteile.

Bestandspflege

Mit den knappen Ausdehnungsmöglichkeiten verlagert sich die Stadtentwicklung schwerpunktmäßig in die Bestandsgebiete. Hier liegen die Aufgaben der kommenden Jahrzehnte. Nach den positiven Erfahrungen mit den Sanierungsmaßnahmen im Bohnenviertel, im Westen oder in der Cannstatter Altstadt werden künftig weitere Altbaugebiete in staatliche und kommunale Förderprogramme unterschiedlicher Intensität einbezogen. Dabei geht es einerseits um eine Aufwertung innerstädtischer Mischgebiete wie dem Gerber- oder dem Heusteigviertel, andererseits um die Konzentration von Dienstleistungen an dafür ausgewählten Standorten, etwa an der S-Bahn-Station Schwabstraße oder entlang der Heilbronner Straße. Die zahlreichen in den Ortskernen der äußeren Stadtbezirke angelaufenen Modernisierungsmaßnahmen führen dabei zu einer Stärkung der polyzentralen Struktur des Stuttgarter Stadtgebiets. Damit will man erreichen, daß die historisch gewachsenen Zentren auch künftig als örtliche Versorgungsschwerpunkte erhalten bleiben. Für Feuerbach und Zuffenhausen sieht die kommunale Stadtentwicklung zudem einen Ausbau des überörtlichen Arbeitsplatzangebotes vor, die Stadtteile auf den Fildern sollen aufgrund ihrer sehr guten Verkehrsanbindung ebenfalls ein bevorzugtes Ansiedlungsgebiet für Gewerbe- und Dienstleistungsbetriebe bleiben. Schritte in dieser Richtung sind bereits vollzogen, man denke nur an die Verlagerung der Daimler-Benz-Hauptverwaltung von Untertürkheim nach Möhringen oder an die Einrichtung eines Businessparks im Gewerbegebiet Fasanenhof.

Aufwertung der historischen Ortskerne: Straßenraumgestaltung in Birkach (links) und Sanierung im Zentrum von Obertürkheim (rechts)

Der Kultur nutzbar gemacht: das Alte Schützenhaus in Heslach

Innerstädtischer Wohnungsbau im Gerberviertel, 1990 (rechts)

Bürostandort mit guter Verkehrsanbindung: Löwentorzentrum, Diakonisches Werk (Architekten: Behnisch und Partner)

Bürogebäude mit Kulturangeboten: Züblin-Haus (1983/84) zwischen Vaihingen und Möhringen (Architekt: Gottfried Böhm)

Potential für ein künftiges Dienstleistungszentrum: das Gewerbegebiet zwischen Pragsattel und Feuerbach (unten)

Gewerbebrachen

Durch Veränderungen in der Wirtschaftsstruktur, die Aufgabe oder Verlagerung von Betrieben sowie die Umstrukturierung des Güterverkehrs ergeben sich immer wieder Chancen, gewerblich belegte Flächen neu zu disponieren. Dabei können derartige Grundstücke wegen eventuell vorhandener Altlasten im Boden zu Problemfällen werden. In der Region Stuttgart lagen bisher nur wenige Altindustriegrundstücke über einen längeren Zeitraum brach. Bereits abgeschlossen ist zum Beispiel die Neuordnung auf dem 3,3 ha großen Areal der ehemaligen Motorradfabrik Kreidler in Zuffenhausen, das zu einem Wohngebiet umgewidmet und von 1983 an neu bebaut wurde. In der Cannstatter Neckarvorstadt konnte nach Aufgabe der Gießerei Streicher ein Teil des ehemaligen Firmengeländes zu einem Grün- und Spielbereich gestaltet werden.

Nachverdichtung

Größere Aufgaben bei der Reaktivierung untergenutzter Gewerbeflächen hat die Stadt noch vor sich: Anstelle der 1972 aufgegebenen Zuckerfabrik auf dem Hallschlag soll eine Neuansiedlung von Gewerbe unter besonderer Berücksichtigung ökologischer Belange erfolgen. An der Heilbronner Straße stehen Teile des Stückgutbahnhofs der Bundesbahn für ein öffentlich zugängliches Banken- und Verwaltungszentrum zur Verfügung, das eine Ausdehnung der City nach Norden einleiten wird. Auch am Pragsattel und den angrenzenden Gewerbeflächen in Feuerbach will man im Zuge einer Neuordnung zusätzliche Arbeitsplätze schaffen und das städtebauliche Erscheinungsbild verbessern. Wünschenswert wären hier Lösungen, die dem Pragsattel zu einer stärkeren Einprägsamkeit im Sinne eines Stadteingangs verhelfen, eine Chance, die am Degerlocher Albplatz, einer ebenfalls markanten Pforte, leider vertan wurde.

Wohnungsbau

Der Wohnungsbau beschränkte sich in den 80er Jahren im wesentlichen auf Arrondierungen bestehender Baugebiete mit vorhandener Infrastruktur. Es entstanden keine weiteren eigenständigen Stadtteile. Niedrige Geschoßbauten sowie Einzel- und Reihenhäuser sind dabei kennzeichnend für eine neue Art von Verdichtung. Als Beispiele seien hier nur die Baugebiete Pfaffenäcker in Weilimdorf, Eulenbühl am Rande des Freibergs, Neugereut-West oder Heumaden-Süd genannt. Weitere Abrundungen der Siedlungsflächen sind planerisch vorbereitet: Für die Gebiete Lauchäcker am westlichen Rand von Vaihingen und Fasanengarten im Stadtteil Hausen liegen Wettbewerbsergebnisse vor. Daneben steht inzwischen auch eine Sanierung der nach dem Krieg errichteten Wohnsiedlungen an, verbunden mit Maßnahmen zur Aufwertung des Gebäudeumfeldes. Dabei darf nicht übersehen werden, daß gerade die im Vergleich zu jüngeren Siedlungen großzügig vorhandenen Grünflächen eine besondere Qualität darstellen, die keiner nachträglichen Verdichtung geopfert werden soll.

Verkehrsverlagerungen

Eine der größten Hypotheken für die Zukunft liegt in dem nach 1945 verwirklichten konzentrisch aufgebauten Straßensystem. Leider wurde dabei versäumt, dem Durchgangsverkehr rechtzeitig einen zweiten Ring unter Umgehung des Kessels zur Verfügung zu stellen. Heute hat eine solche Lösung keinerlei Chance auf Verwirklichung, so daß nur noch aufwendige Einzelmaßnahmen zur Verlagerung des Hauptverkehrs aus seinen traditionellen Trassen möglich sind. Dazu werden Um-

Bürostadt am Rande von Möhringen: die 1990 fertiggestellte Daimler-Benz-Hauptverwaltung

Forschungslabor auf dem Vaihinger Universitätsgelände: das Hysolar-Institut (Architekten: Behnisch und Partner)

gehungsstraßen gebaut, die freilich weitere Beeinträchtigungen der Landschaft verursachen, wie es zum Beispiel die in einem tiefen Geländeeinschnitt geführte B 295 bei Weilimdorf zeigt. Schon aufgrund des technischen und finanziellen Aufwandes werden Tunnelbauwerke nur in besonderen Situationen zu verwirklichen sein (Topographie, Platzmangel). So entsteht zwischen dem Marienplatz und dem Südheimer Platz ein im Hang verlaufender Tunnel für die B 14, dessen Wirksamkeit für Heslach jedoch durch allzu sparsame Dimensionen (eine Fahrspur in jeder Richtung) beeinträchtigt wird. Auch in Feuerbach soll die B 295 in absehbarer Zeit die Wohngebiete unterqueren. Für Cannstatt, das bisher den Hauptverkehrsstrom von und nach Nordosten aufzunehmen hatte, wird die neue Direktverbindung von Fellbach/Waiblingen ins Neckartal eine Entlastung bringen. Alle diese Maßnahmen bilden die Grundlage für die Revitalisierung einiger bislang besonders benachteiligter Stadtviertel.

Nahverkehrskonzept

Daneben ist eine weitere Pflege des öffentlichen Nahverkehrsnetzes im Sinne einer flächendeckenden und kostengünstigen Versorgung unerläßlich. In der Planung bzw. im Bau befinden sich der längst fällige Anschluß von Messe und Flughafen an den Schienenverkehr. Die zur Stadtbahn aufgewertete Straßenbahn verkehrt künftig nur noch auf eigenen Trassen, die auch in den Außenbezirken teilweise im Untergrund verlaufen. Auch der bereits mehrfach diskutierte Durchgangsbahnhof ist in Zusammenhang mit den neuen Schnellbahnstrecken wieder im Gespräch.

Entlastung für Heslach: Tunneltrasse der Bundesstraße 14

Neubau des Passagiergebäudes am Flughafen Stuttgart (Archiv-Bild der Flughafen Stuttgart GmbH)

IGA 93

Weitere Projekte werden die Lebensqualität städtisch geprägter Quartiere verbessern. Die für 1993 geplante Internationale Gartenbauausstellung (IGA 93), die vierte Gartenschau in Stuttgart, soll eine parkartige Verbindung zwischen dem Killesberg und dem Rosensteinpark herstellen, der letzten Lücke im sogenannten Grünen U. Bausteine dazu sind die topographisch reizvollen Hänge des Wartbergs und der Leibfriedsche Garten zwischen Heilbronner Straße und Löwentor, Stadträume, die bisher wenig erschlossen oder unzugänglich waren. Über die Veranstaltung hinaus kann die Stadt damit dauerhaft Erholungsflächen sichern und ausbauen. Zusätzlich ist eine ergänzende Wohnbebauung mit experimentellem Charakter geplant. Nachdem die IGA wertvolle Stadtbereiche ihrem Schattendasein entrissen hat, stellt das Neckarufer ein bislang noch kaum entdecktes Potential für eine zusammenhängende Erholungslandschaft dar.

»Kulturmeile«

Das Stadtzentrum hat in den letzten 15 Jahren durch die netzartig angelegten Fußgängerbereiche mit der Königstraße als Rückgrat und durch zahlreiche private und öffentliche Investitionen an Attraktivität hinzugewonnen. Mit der 1984 eröffneten Neuen Staatsgalerie entstand ein kultureller Schwerpunkt jenseits der Konrad-Adenauer-Straße. Wunde Stellen sind jedoch nach wie vor die schwer zu überwindenden Straßenbauwerke des inneren City-Rings und der als Standort für die städtische Kunstsammlung vorgesehene Kleine Schloßplatz, der allerdings schon mehrere planerische Anläufe zur Umgestaltung unbeschadet überstanden hat. Entlang der Konrad-Adenauer-/Neckarstraße will das Land Baden-Württemberg für seine Einrichtungen ein noch stärker kulturell geprägtes Umfeld schaffen, die sogenannte Kulturmeile. Dazu werden die namhaften Kulturstätten, die sich auf beiden Seiten der Straße etabliert haben und vom Charlottenplatz bis zum Planetarium an der Neckarstraße reichen, um weitere Angebote ergänzt: Im Akademiegarten soll ein Haus der Geschichte entstehen, zwischen dem Abgeordnetenhaus des Landtags und der Neuen Staatsgalerie plant James Stirling ein Gebäude für Mu-

Brückenschlag über den Neckar: der Fußgängersteg verbindet die Wohnsiedlungen links des Neckars mit dem Naherholungsgebiet am Max-Eyth-See (1989)

Großzügige Parklandschaft: der Rosensteinpark, Teil der Internationalen Gartenbauausstellung 1993

Ausstellungsplan der IGA Stuttgart '93 (Planungsgruppe Luz – Lohrer – Egenhofer – Schlaich)

sikhochschule und Theaterakademie und jenseits der Schillerstraße bestehen Pläne, ein Museum für Gegenwartskunst und ein Archäologiemuseum anzusiedeln. Angesichts des hohen Anspruchs an Nutzung und Architektur und angesichts der Verflechtungen zwischen bestehenden und neuen Einrichtungen erscheint es fast zwangsläufig, daß der von einer Stadtautobahn mit ihren Rampen geprägte öffentliche Raum längerfristig eine grundlegende Umgestaltung erfährt.

Ausblick

In den zyklisch auftretenden Prozessen von Rezession, Stagnation und Expansion dominieren momentan wieder die Wachstumsimpulse. Sie führen dazu, daß auch in Stuttgart die Phase des vorsichtigen Abwartens zu Ende gehen muß. Es ist an der Zeit, längerfristige Perspektiven für die Stadtentwicklung aufzuzeigen. Die jüngst eingetretenen Wachstumsschübe haben zusammen mit den politischen Veränderungen in Osteuropa bestehende Probleme noch verschärft: Der Mangel an preiswertem Wohnraum, das steigende Fahrzeugaufkommen und die nach wie vor kaum gebremste Zersiedelung der Landschaft sind nur einige davon. Es bleibt zu hoffen, daß dem steigenden Druck nicht durch eine allzu großzügige Neuausweisung von Flächen in den Randbereichen der Region nachgegeben wird. Denn nur eine sparsame Flächenpolitik verstärkt die durchaus erwünschten, aber noch zu kanalisierenden Verdichtungsprozesse und fördert die Realisierung platzsparender Lösungen, die unter anderen Bedingungen gar nicht in Erwägung gezogen worden wären. Voraussetzung dazu ist jedoch eine stärkere Kooperationsbereitschaft in der gesamten Region, damit sich deren Kräfte gezielt auf eine gemeinsame Entwicklung hin konzentrieren lassen.

Dringend benötigter Wohnraum: prämierter Wettbewerbsentwurf für die Siedlung Hausen-Fasanengarten (1989)

Polyzentrische Struktur: Stuttgart und seine Nachbarn (rechts)

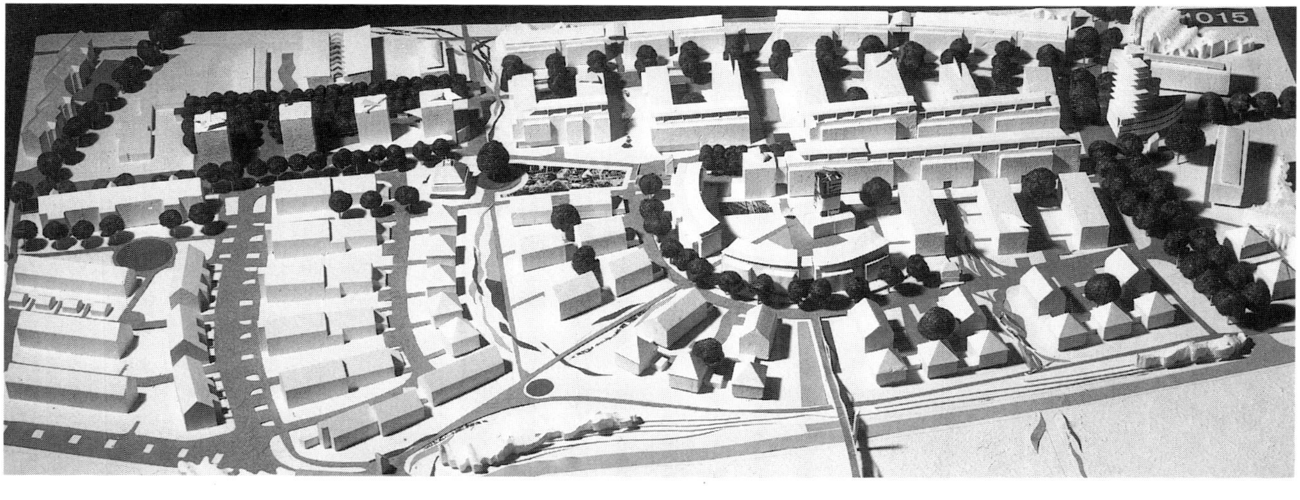

Hemmingen
Münchingen
Schöckingen
KORNWESTHEIM
Aldingen
Hegnach
STAMMHEIM
MÜHLHAUSEN
KORNTAL- MÜNCHINGEN
ZAZENHAUSEN
ZUFFEN HAUSEN
Oeffingen
Hirschlanden
NEUWIRTSHAUS
MÜNCHFELD
HOFEN
Korntal
Schmiden
DITZINGEN
STEINHALDENFELD
Schmidener Feld
MÜNSTER
Höfingen
BURGHOLZHOF
SOMMERRAIN
HAUSEN
FEUERBACH
WEILIMDORF
FELLBACH
BAD CANNSTATT
WOLFBUSCH
GIEBEL
GERLINGEN
BERGHEIM
LUGINSLAND
ROTENBERG
BOTNANG
UNTER-TÜRKHEIM
UHLBACH
STUTTGART
WANGEN
OBER-TÜRKHEIM
Rüdern
FRAUENKOPF
ROHRACKER
HEDELFINGEN
BÜSNAU
SILLENBUCH
SONNENBERG
DEGERLOCH
HEUMADEN
Mettingen
VAIHINGEN
KALTENTAL
HOFFELD
RIEDENBERG
SCHÖNBERG
ESSLIN
MÖHRINGEN
Ruit
Parksiedlung
ASEMWALD
BIRKACH
OSTFILDERN
Nellingen
ROHR
DÜRRLEWANG
Kemnat
SINDELFINGEN
FASANENHOF
STECKFELD
HOHENHEIM
PLIENINGEN
Scharnhausen
Musberg
LEINFELDEN-ECHTERDINGEN
Leinfelden
Echterdingen
Flughafen Stuttgart
Bernhausen
Neuhausen a.d.Fildern
BÖBLINGEN
Stetten
Weidach
Sielmingen
FILDERSTADT

Literatur zum Thema

Gesamtdarstellungen

Baedekers Allianz-Taschenbuch-Reiseführer: Stuttgart. 3. Aufl. Stuttgart 1988

Borst, Otto: Stuttgart – die Geschichte der Stadt. 3. Aufl. Stuttgart 1986

Decker-Hauff, Hansmartin: Geschichte der Stadt Stuttgart, Band 1. Stuttgart 1967

Elsas, Fritz (Hrsg.): Stuttgart. Das Buch der Stadt. Stuttgart 1925 (Neudruck Stuttgart 1985)

Geschichte der Stadt Stuttgart. Auf die Einweihung ihres neuen Rathauses. Hrsg. von den bürgerlichen Kollegien im April 1905. Stuttgart (1905)

Freudenberger, Hermann: Stuttgart. Ein Führer durch Stadt und Landschaft. 2. Aufl. Stuttgart 1983

Lahnstein, Peter; Schwertner, Alexander: Stuttgart. Stuttgart 1973

Pfaff, Karl: Geschichte der Stadt Stuttgart, 2 Bände. Stuttgart 1845/46 (Neudruck Frankfurt 1981)

Schleuning, Hans (Hrsg.): Stuttgart-Handbuch. Mit Beiträgen von Norbert Bongartz, Siegfried Geyer, Gunter Hägele, Jürgen Hagel, Klaus Herrmann, Klaus Merten, Fritz Oechßler, Winfried Reiff, Werner Sautter, Manfred Schempp, Harald Schukraft, Eberhard Wagner, Friedrich Wurm und Hermann Ziegler. Stuttgart 1985

Skrentny, Werner; Schwenker, Rolf; Weitz, Sybille u. Ulrich (Hrsg.): Stuttgart zu Fuß: 18 Stadtteilrundgänge durch Geschichte und Gegenwart. Hamburg 1988

Stuttgart – Portrait einer Stadt. München 1983

Werner, Frank: Alte Stadt mit neuem Leben. Architekturkritische Gänge durch Stuttgart. Stuttgart 1976

Einzelthemen

Bach, Max; Lotter, Karl: Bilder aus Alt-Stuttgart. Stuttgart 1896 (Neudruck Stuttgart 1983)

Bardua, Heinz: Stuttgart im Luftkrieg 1939–1945. Stuttgart 1970

Barthel, Walther (Bearb.): Das Kastell Cannstatt. Nach der Untersuchung von Dr. Ernst Kapff. Heidelberg 1907

Baum, Julius (Bearb.): Die Stuttgarter Kunst der Gegenwart. Stuttgart 1913

Bauherr Stadt Stuttgart. Ein Leistungsbericht der Stadt Stuttgart und des Schwäbischen Baugewerbes.
Band 1: Stuttgart o.J.
Band 2: Stuttgart o.J.
Band 3: Stuttgart 1963

Paul Bonatz 1877 – 1956. Stuttgarter Beiträge 13. Stuttgart 1977

Borst, Otto: Schule des Schwabenlandes: Geschichte der Universität Stuttgart. Stuttgart 1979

Bruckmann, Hansmartin; Hagel, Jürgen; Stegmaier, Günter (Hrsg.): Von der Gründerzeit zur Gegenwart – Beiträge zum Stuttgarter Westen. Stuttgart 1985

Brugger, Albrecht: Stuttgart und seine Nachbarn. Stuttgart 1965

Chronik der Haupt- und Residenzstadt Stuttgart, hrsg. vom Gemeinderat. Jahrgangsbände 1898 – 1912

Chronik der Stadt Stuttgart 1913 – 1918 von Wilhelm Kohlhaas. Stuttgart 1967

Chronik der Stadt Stuttgart 1918 – 1933 von Wilhelm Kohlhaas. Stuttgart 1964

Chronik der Stadt Stuttgart 1933 – 1945. Stuttgart 1982

Chronik der Stadt Stuttgart 1945 – 1948 von Hermann Vietzen. Stuttgart 1972

Chronik der Stadt Stuttgart 1949 – 1953 von Kurt Leipner. Stuttgart 1977

Chronik der Stadt Stuttgart 1954 – 1960 von Gerhard Raff. Stuttgart 1978

Chronik der Stadt Stuttgart 1961 – 1965 von Heidrun Hofacker. Stuttgart 1988

Chronik der Stadt Stuttgart 1966 – 1969 von Herbert Hoffmann und Heinz H. Poker. Stuttgart 1988

Chronik der Stadt Stuttgart 1970 – 1972 von Heinz H. Poker. Stuttgart 1989

Chronik der Stadt Stuttgart 1973 – 1975 von Heinz H. Poker. Stuttgart 1989

Chronik der Stadt Stuttgart 1976 – 1979 von Heinz H. Poker. Stuttgart 1990

Dölker, Helmut: Flurnamen der Stadt Stuttgart. Die Namen der Innenstadt sowie der Stadtteile Berg, Gablenberg und Heslach. Stuttgart 1933 (Neudruck 1982)

Finanzministerium Baden-Württemberg (Hrsg.): Neue Staatsgalerie und Kammertheater Stuttgart. Stuttgart 1984

Frenkel, Rainer; Schanz, Gunter; Sieverts, Thomas: Wohnen und Gewerbe in der Großstadtregion: Grenzen der Entwicklung eines Ballungsgebietes am Beispiel der Region Stuttgart. Stuttgart 1987

Hagel, Jürgen (Bearb.): Stuttgart im Spiegel alter Karten und Pläne. Katalog zur Ausstellung des Hauptstaatsarchivs Stuttgart. 1984

Heißenbüttel, Helmut (Hrsg.): Stuttgarter Kunst im 20. Jahrhundert: Malerei, Plastik, Architektur. Stuttgart 1979

Hecking, Georg; Mikulicz, Stefan; Sättele, Andreas: Bevölkerungsentwicklung und Siedlungsflächenexpansion: Entwicklungstrends, Planungsprobleme und Perspektiven am Beispiel der Region Mittlerer Neckar. Schriftenreihe 15 des Städtebaulichen Instituts der Universität Stuttgart. Stuttgart 1988

Hoffmann, Kurt und Gretl: Architekturführer Stuttgart und Umgebung. Stuttgart 1983

Holoch, Helmut: Stuttgart im Wandel der letzten 80 Jahre. Stuttgart 1987

Joedicke, Jürgen: Weißenhofsiedlung Stuttgart. Stuttgart 1989

Kilian, Hannes: Die Zerstörung: Stuttgart 1944 und danach. Stuttgart 1984

Kirsch, Karin: Die Weißenhofsiedlung: Werkbund-Ausstellung »Die Wohnung« – Stuttgart 1927. Stuttgart 1987

Kleemann, Gotthilf: Schloß Solitude bei Stuttgart, Aufbau – Glanzzeit – Niedergang. Stuttgart 1966

Kohlhaas, Wilhelm (Hrsg.): Stuttgart ehemals, gestern und heute. Stuttgart 1976

Kohlhaas, Wilhelm: Das war Stuttgart. Stuttgart 1977

Kreh, Uli: Stuttgart und seine Stäffele. Stuttgart 1989

Krier, Rob: Stadtraum in Theorie und Praxis an Beispielen der Innenstadt Stuttgarts. Stuttgart 1975

Landeshauptstadt Stuttgart (Hrsg.): 20 Jahre Stadtbahnbau Stuttgart. Stuttgart 1983

Landeshauptstadt Stuttgart (Hrsg.): Beiträge zur Stadtentwicklung (Auswahl)
Heft 14: Bericht Arbeitsplatz Stuttgart 1990. Bd. 1: Bestand und Projektion. Bd. 2: Maßnahmen. 1980
Heft 15: Daten und Aussagen zum Stadtklima von Stuttgart auf der Grundlage der Infrarot-Thermographie. 1978
Heft 18: Kommunale Gewerbehofplanung am Beispiel Stuttgart. 1981
Heft 19: Zählungen des Kfz-Verkehrs 1968 – 1981 in der Landeshauptstadt Stuttgart. 1982
Heft 20: Bericht "Wohnort Stuttgart". 1983
Heft 21: Langfristige Bevölkerungsveränderung und Stadtentwicklung in Stuttgart. 1986
Heft 24: Wirtschaft und Arbeitsmarkt in Stuttgart – Situation und Perspektiven bis 2000. 1987
Heft 25: Spielen in der Innenstadt. 1988
Heft 27: Bodenversiegelung in Stuttgart. 1989
Heft 28: Büroflächen in Stuttgart 1968 bis 1988. 1989

Leipner, Kurt: Altes Stuttgart. Frankfurt 1977

Leipner, Kurt: Stuttgart – Daten zur Geschichte. Von den Anfängen bis zum Ausgang des 19. Jahrhunderts. Stuttgart 1987

Lotter, Karl: Die bauliche Entwicklung Stuttgarts bis zum Regierungs-Antritt König Karls I. Stuttgart 1891

Müller, Rainer: Das Robert-Bosch-Haus. Stuttgart 1988

Roser, Mathias: Der Hauptbahnhof in Stuttgart. Stuttgart 1987

Sauer, Paul: Alt-Stuttgarter Photoalbum. Würzburg 1987

Sauer, Paul: Das Werden einer Großstadt: Stuttgart zwischen Reichsgründung und Erstem Weltkrieg, 1871 – 1914. Stuttgart 1988

Sauer, Paul: Stuttgart in den zwanziger Jahren. Würzburg 1989

Schmid, Manfred: 250 000 Jahre Cannstatter Geschichte. Stuttgart 1989

Schneider, Wolfgang Christian: Hitlers »wunderschöne Hauptstadt des Schwabenlandes«. Nationalsozialistische Stadtplanung, Bauten und Bauvorhaben in Stuttgart. In: Demokratie und Arbeitergeschichte Jahrbuch 2. Stuttgart 1982

Schukraft, Harald: Stuttgarter Straßen-Geschichte(n). Stuttgart 1986

Schukraft, Harald: Damals über Stuttgart: Innenstadt und Vororte in Luftbildern aus den 20er bis 40er Jahren. Stuttgart 1988

Stadtplanungsamt Stuttgart (Hrsg.): Neugestaltung der Stadt der Auslandsdeutschen Stuttgart. 1941

Straßennamen in Stuttgart – Herkunft und Bedeutung. Heft 10 der Stuttgarter Beiträge. Stuttgart 1974

Stuttgart. Die große Stadt im Grünen, hrsg. aus Anlaß der Bundesgartenschau 1961. Stuttgart (1961)

Vietzen, Hermann: Ein Stadtteil wandelt sich. Aus der Geschichte des Bahnhofsviertels in Stuttgart. Heft 9 der Stuttgarter Beiträge. Stuttgart 1972

Wais, Gustav: Alt-Stuttgarts Bauten im Bild. Stuttgart 1952 (Neudruck Frankfurt 1977)

Wais, Gustav: Alt-Stuttgart. Die ältesten Bauten, Ansichten und Stadtpläne bis 1800. Stuttgart 1954

Wais, Gustav: Stuttgart im 19. Jahrhundert. Stuttgart 1955

Wais, Gustav: Stuttgart vor der Zerstörung. Stuttgart 1958

Weidle, Karl: Der Grundriß von Alt-Stuttgart. Bd. 1 u. 2. Stuttgart 1961

Wein, Gerhard: Die mittelalterlichen Burgen im Gebiet der Stadt Stuttgart. Bd. 1: Die Burgen im Stuttgarter Tal. Stuttgart 1967. Bd. 2: Die Burgen in den Stadtbezirken Solitude, Feuerbach, Cannstatt, Berg und Gaisburg. Stuttgart 1971

Württembergischer Kunstverein; Landesdenkmalamt Baden-Württemberg (Hrsg.): Inventur. Stuttgarter Wohnbauten 1865 – 1915. Katalog der Ausstellung im Kunstgebäude Stuttgart. 1975

Württembergisches Landesmuseum Stuttgart (Hrsg.): Die Gärten der Herzöge von Württemberg im 18. Jahrhundert. Katalog der Ausstellung im Schloß Ludwigsburg. Worms 1981

Zelzer, Maria: Stuttgart unterm Hakenkreuz. Chronik aus Stuttgart 1933 – 1945. Stuttgart 1983

Ed. Züblin AG (Hrsg.): Züblin-Haus. Stuttgart 1985

Fotografenverzeichnis

Reproduktionen

aus: Altes Stuttgart, Kurt Leipner, Frankfurt 1977; S. 24, 40, 56, 61

aus: Alt Stuttgarts Bauten im Bild, Gustav Wais, Frankfurt 1977; S. 13, 15, 17, 33, 40, 54

aus: Amtsblatt der Landeshauptstadt Stuttgart; S. 136, 149, 156

aus: Architektur in Deutschland '85, Karl Krämer Verlag, Stuttgart 1986; S. 162

aus: Bauherr Stadt Stuttgart; S. 113, 128, 132, 135

aus: Der Grundriß von Alt-Stuttgart, Karl Weidle, Stuttgart 1961; S. 38, 112

aus: Der Städtebau; S. 68

aus: Deutsche Bauzeitung, Jahrgang 1930; S. 77

aus: Die Bauzeitung, Jahrgang 1941; S. 74, 90

aus: Die Gärten der Herzöge von Württemberg, Stuttgart 1982; S. 26, 27, 28, 31, 36

aus: Die neue Stadt, Heft 2/1949; S. 108, 109, 110

aus: Die Weißenhofsiedlung, Jürgen Joedicke, Christian Plath, Karl Krämer Verlag, Stuttgart 1990; S. 78, 79

aus: Eigenes Heim und billige Wohnungen, Eduard Pfeiffer, Stuttgart 1896; S. 60

aus: Grundlagen des Städtebaues, Raymond Unwin, Berlin 1922; S. 66

aus: Neugestaltung der Stadt der Auslandsdeutschen Stuttgart, Broschüre des Stadtplanungsamtes, Stuttgart 1941; S. 95, 96

aus; Stadträume, Rob Krier, Karl Krämer Verlag, Stuttgart 1975; S. 152

aus: Stuttgarter Beiträge 13, Paul Bonatz, Karl Krämer Verlag, Stuttgart 1977; S. 94

aus: Stuttgart, Fritz Elsas, Frankfurt 1980; S. 83, 84, 85

aus: Stuttgart im Zweiten Weltkrieg, Marlene P. Hiller, Stuttgart 1989; S. 99

aus: Theodor Fischer, Winfried Nerdinger, Berlin 1988; S. 68, 69

aus: Württemberg-Stuttgart, Werner/Rades, Stuttgart ca. 1928; S. 83, 87

Abbildungen

Robert Bosch GmbH, Archivbild; S. 42

Stuttgarter Luftbild Elsässer:
Freigabe-Nr. der Luftbilder S. 123: 9/2521; S. 129: 9/1694; S. 132: 9/194; S. 140: 9/50324; S. 142: 9/30526; S. 146: 9/44783; S. 152: 9/42262; S. 168: 9/83721; Titelbild: 9/83054

Heimatmuseum Ludwigsburg: S. 22

G. Holtmann: S. 128

IGA 1993 Stuttgart GmbH: S. 171

Landesbildstelle Württemberg: S. 6, 8, 9, 10, 18, 24, 25, 29, 30, 34, 35, 37, 39, 40, 46, 47, 51, 53, 54, 57, 59, 68, 69, 73, 75, 76, 81, 82, 85, 86, 88, 91, 92, 96, 98, 104, 105, 106, 107, 111, 116, 117, 118, 119, 120, 122, 124, 126, 127, 129, 130, 131, 138, 139, 143, 144
Freigabe-Nr. R.P.SWH: 16/8448/15/P/2244,
Freigabe-Nr. R.P.SWH: 16/8448/16/P/2249,
Freigabe-Nr. R.P.SWH: 16/8448/16/P/2258

Landesdenkmalamt Baden-Württemberg: S. 12

LEG Württemberg: S. 172

Antero Markelin: S. 62, 101, 103, 126, 130, 134, 145, 154, 156, 157, 158, 159, 163, 164, 166

Verlag Gebrüder Metz: S. 48, 65

Rainer Müller: S. 11, 121, 144, 147, 158, 159, 164, 165, 166, 168, 169, 170, 171

Stadtarchiv Stuttgart: S. 14, 16, 19, 20, 21, 22, 35, 43, 44–45, 49, 50, 55, 56, 58, 62, 64, 67, 70–71, 72, 74, 80, 81, 88, 93, 94, 115, 141

Stadtmessungsamt Stuttgart: S. 173

Stadtplanungsamt Stuttgart: S. 100, 102, 125, 148, 150, 163

Thermalkarte Nachbarschaftsverband Stuttgart, Abendkarte: S. 160

Ludwig Windstoßer: S. 133, 134